"Le dictionnaire de la K-Pop est un ensemble amusant de mots et expressions de la vie quotidienne que l'on rencontre souvent dans la K-Pop et le K-Drama qui vous permettra de dépasser les limites des sous-titres. En tant que YouTubeuse analysant le monde du spectacle coréen constamment en évolution, je pense que ce livre sera très utile à toutes les personnes intéressées par la K-Pop et le K-Drama."

- Stephanie Ishler, Hallyu Back -

Dictionnaire de la K-Pop :
Mots & expressions essentiels dans la K-Pop,
le K-Drama, les films coréens, les émissions

979-11-88195-71-8

Ecrit par **Woosung KANG**
Traduit en français par **Yoo Rim JUNG**

Pour les demandes d'autorisation et de droits d'auteur, contactez l'auteur à l'adresse suivante :

storyteller1634@gmail.com

Une remise peut être accordée sur les achats en gros à des fins éducatives, commerciales, promotionnelles ainsi que l'achat pour les établissements d'enseignement, les associations à but non lucratif, les entreprises, les sociétés, etc., contactez l'éditeur à l'adresse suivante pour demander plus d'informations :

marketing@newampersand.com

Daebak ! Bonjour à tous les fans de K-Pop ! Bienvenue dans votre voyage à travers le monde fantastique de la K-Pop. Par hasard, seriez-vous fan de BTS ? (Si vous êtes un *A.R.M.Y.* criez fort !) Ou de BLACKPINK ? Hm, vous savez sans doute déjà qui est votre bias préféré, qui est le *maknae* du groupe qui a le plus d'*aegyo* ? Ah oui, et quel membre est en charge du *visual* ?

Bien sûr, ne vous inquiétez pas si vous n'avez rien compris de ce que je viens de dire. C'est exactement la raison pour laquelle ce livre existe : pour regrouper et expliquer facilement toutes les expressions, les derniers termes à la mode, le langage familier et les néologismes employés dans la K-Pop, le Drama, les films, les émissions et séries (dernièrement Squid Game n'a-t-il pas fait un tabac ?).

Cependant, apprendre uniquement le sens d'un mot ne serait pas suffisant, n'est-ce pas ? Comme vous avez pu le deviner avec son titre, ce livre n'est pas un simple dictionnaire. Il vous explique dans quelle situation un mot ou une expression est utilisé, quelle en est l'étymologie mais aussi la nuance cachée, ainsi que le contexte historique et culturel en Corée.

Les divers exemples et illustrations amusantes vous expliqueront en détail comment tel mot ou telle expression est utilisé dans la vie quotidienne. Après votre lecture, vous comprendrez enfin toutes ces choses qui vous semblaient codées (même les clichés des K-Dramas !).

Ainsi, vous pourrez suivre les tendances et les conversations des fans de K-Pop du monde entier. D'une certaine manière, il ne s'agit pas simplement d'apprendre le coréen mais d'apprendre un langage commun à tous les fans de K-Pop.

Si vous bloquez en regardant un K-Drama ou en écoutant la K-Pop, ouvrez ce livre ! Ce blocage de *gogooma* vous sera débouché comme un *saida*.

Ah, oui ! Même si vous ne parlez pas coréen et que vous ne vous y connaissez pas en K-Pop, pas d'inquiétude ! Tout a été préparé pour que n'importe qui puisse facilement tout comprendre.

Mots & expressions essentiels dans la K-Pop, le K-Drama, les films coréens, les émissions !

- **500** mots et expressions **essentiels**
- **Comment prononcer ?** Fichier mp3 (téléchargeable) contenant la prononciation exacte par un doubleur de voix coréen.
- **Pourquoi utilise-t-on cette expression ?** Le sens, la nuance cachée, l'origine culturelle.
- **Quand et comment l'employer ?** Entraînez-vous à travers des exemples de conversation !
- **Une image vaut mille mots !** Des illustrations amusantes pour vous aider à mieux comprendre !

Le dictionnaire de la K-Pop qui unit tous les fans de K-pop du monde entier ! Maintenant en français pour mieux apprécier le monde la K-Pop !

Hwaiting !

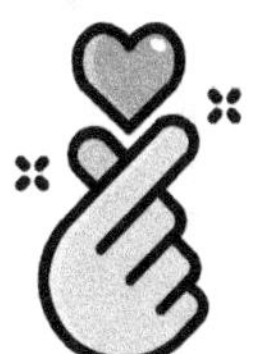

Comment utiliser ce livre

① 애교 **Ae Gyo** **②** **③** [ae-gyo]

④ Gestuelle de coquetterie pour paraître mignon/mignonne

Mot composé de la fusion des caractères chinois "**Ae 애 愛**" signifiant "amour" et "**Gyo 교 嬌**" signifiant "beauté". Désigne l'acte de montrer son affection et son charme par une gestuelle mignonne ou encore une voix enfantine.

Exemple :
Yuna : (en prenant une voix enfantine) Oppa ! Hé, hé, fais un bisou à Yuna !
Minho : Si tu me fais une petite danse !
⑤ Yuna danse comme un enfant de 5 ans.
Minho : Tu me fais vraiment fondre avec ton *Ae Gyo* !

---

① Voici l'écriture en alphabet coréen, le Hangeul :

Il y a des espaces entre chaque syllabe pour facilement distinguer leur prononciation. À l'écrit, les mots peuvent être écrits sans espace.

---

② L'écriture à l'anglaise est ainsi indiquée :

(Note : il peut exister plusieurs versions d'écriture, la version la plus courante utilisée par les fans de K-Pop sera principalement présentée)

---

③ La prononciation coréenne est indiquée de la manière suivante :

(Note : il est impossible de transcrire à 100% la prononciation coréenne en alphabet. Utilisez le fichier mp3 afin d'apprendre la prononciation exacte.)

---

④ Définition du mot.
Explications sur l'étymologie, la nuance cachée, le contexte culturel.

---

⑤ Apprenez à travers des exemples comment les fans de K-Pop l'emploient.

---

⑥ Des illustrations amusantes pour aider à mieux comprendre.

Téléchargez ici le fichier mp3 !
newampersand.com/kpopfrance

SCANNEZ CE CODE QR!

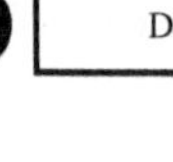

Le Hangul 한글

LIRE ET PRONONCER L'ALPHABET CORÉEN

Sejong Daewang 세종대왕 - l'inventeur du Hangeul

Voyelles de base		Voyelles composées		Consonnes de base		Consonnes doubles	
ㅏ	a	ㅐ	æ	ㄱ	k/g	ㄲ	kk
ㅑ	ya	ㅒ	yæ	ㄴ	n	ㄸ	tt
ㅓ	ŏ	ㅔ	e	ㄷ	t/d	ㅃ	pp
ㅕ	yŏ	ㅖ	ye	ㄹ	r/l	ㅆ	ss
ㅗ	o	ㅘ	wa	ㅁ	m	ㅉ	jj
ㅛ	yo	ㅙ	oæ	ㅂ	b/p		
ㅜ	u	ㅚ	we	ㅅ	s		
ㅠ	yu	ㅝ	wŏ	ㅇ	Ø/ng		
ㅡ	ŭ	ㅞ	ue	ㅈ	j		
ㅣ	i	ㅟ	wi	ㅊ	ch		
		ㅢ	ui	ㅋ	k		
				ㅌ	t		
				ㅍ	p		
				ㅎ	h		

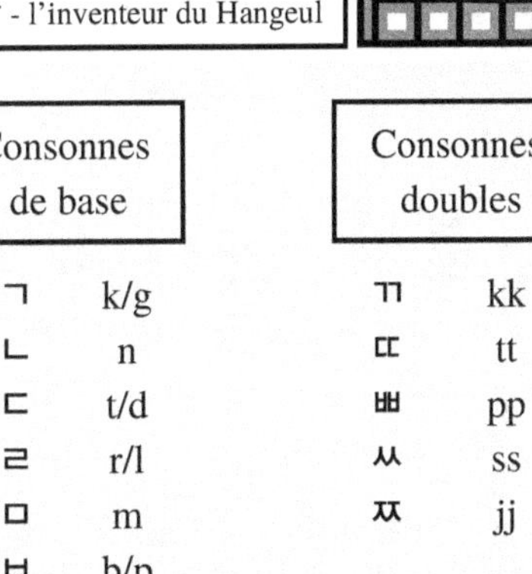

SCANNEZ CE CODE QR!

Apprendre l'alphabet coréen 한글 [partie.1] l voyelles, consonnes, syllabes l CORÉEN ZIP

애교 Ae Gyo [ae-gyo]
Gestuelle de coquetterie pour paraître mignon/mignonne

Mot composé de la fusion des caractères chinois "**Ae** 애 愛" signifiant "amour" et "**Gyo** 교 嬌" signifiant "beauté". Désigne l'acte de montrer son affection et son charme par une gestuelle mignonne ou encore une voix enfantine.

Exemple :
Yuna : (en prenant une voix enfantine) Oppa ! Hé, hé, fais un bisou à Yuna !
Minho : Si tu me fais une petite danse !
Yuna danse comme un enfant de 5 ans.
Minho : Tu me fais vraiment fondre avec ton *Ae Gyo* !

애교살 Ae Gyo Sal [ae-gyo-sal]
Partie sous la paupière inférieure

Mot désignant la partie sous la paupière inférieure différente des cernes ou des poches qui sont dus à une cuite, à un manque de sommeil ou à la graisse. L'**Ae Gyo Sal** est situé juste en dessous de la paupière inférieure et au-dessus des cernes et des poches. L'**Ae Gyo Sal** est formé à l'aide d'opérations de chirurgie esthétique d'injection de graisse (prélevée le plus souvent au ventre) ou de filler et a pour effet de rajeunir et d'agrandir les yeux.

Exemple :
Jenny : Eh, tes yeux semblent différents !
Tina : Ah bon ? Ça se voit beaucoup ? En fait, j'ai eu une opération d'*Ae Gyo Sal* à la clinique.

아닥 A Dak [a-dak]
"Ferme-la"

Contraction de "**A Ga Ri** 아가리 (expression vulgaire pour désigner la bouche) **Dak** Chyeo 닥쳐 (impératif de l'expression "la fermer")" signifiant littéralement "ferme ta gueule". Expression assez agressive et belliqueuse. Cependant, cette expression est la plupart du temps utilisée entre amis proches et est un signe de familiarité plutôt que d'insulte. Attention à ne pas en abuser toutefois car cela pourrait faire appel à la violence.

Exemple :
Max : Tonton ! J'ai trouvé un truc bizarre sur ton bureau hier…
Jay (l'oncle) : *A Dak* ! Arrête-toi là.

아아 / 뜨아 Ah Ah / Tteu Ah [a-a / ttŭ-a]
Iced Americano Coffee / Hot Americano Coffee

Néologisme venant de la contraction de "Iced 아이스드 glacé" et
"Americano Coffee 아메리카노 커피 café allongé" / "Tteu Geo Woon
뜨거운 chaud" et "Americano Coffee 아메리카노 커피 café allongé".
Habituellement utilisé par les jeunes mais aussi par la catégorie d'âge
moyen pour paraître plus jeune.

Exemple :
Le grand-père : Tu peux me ramener un café ?
La petite-fille : Un *Ah Ah* ou un *Tteu Ah* ?
Le grand-père : Je ne sais pas ce que c'est, laisse tomber, je vais boire de l'eau.

아이씨 A I Sshi [a-i-sshi]
"Mince !"/"Merde !"

Expression utilisée pour montrer un sentiment de désespoir, de
surprise ou de colère. Les anglophones confondent parfois avec
l'expression "I see".

Exemple :
A I Sshi ! Je n'ai pas pu acheter les billets pour le concert.

아점 A Jeom [a-jŏm]
Brunch

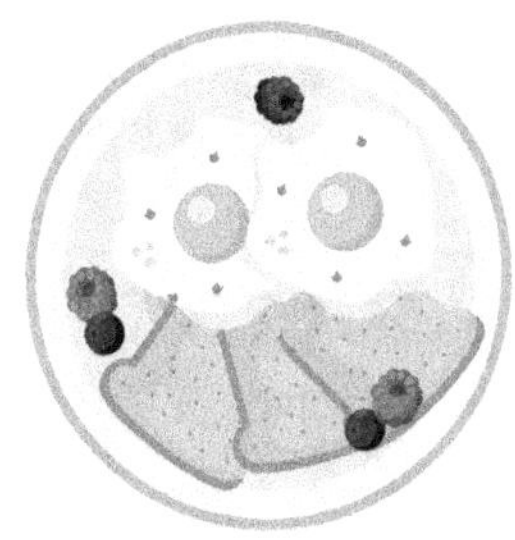

Fusion de "A Chim 아침 petit-déjeuner" et de "Jeom Shim 점심
déjeuner" désignant le brunch. Certains distinguent l'**A Jeom** du
brunch de manière amusante : si le repas n'est pas exceptionnel,
ils l'appellent **A Jeom** ; si le repas est excellent au point de
publier sur Instagram, ils l'appellent brunch. C'est parce que
beaucoup de gens pensent que les mots anglais sont plus classes.
Yes. Really.

Exemple :
Taeho : Chérie ! Viens on va petit-déjeuner !
Minji : Petit-déjeuner ? Il est déjà 11h30 !
Taeho : C'est le déjeuner du coup.
Minji : C'est plutôt un *A Jeom* non ?
Taeho : Ça dépend de ce que l'on mange.
Minji : Des œufs Bénédicte et une coupe de champagne ?
Taeho : Alors c'est un brunch !

After School Club

Une émission de télévision. Un talk-show télévisé
en ligne de demande de musique en direct

Une émission de télévision. Un talk-show télévisé en ligne de
demande de musique en direct. Une émission télévisée en direct
d'Arirang TV animée par Kevin Woo, Jae et Park Jimin. Il s'agit
d'une émission qui diffuse la musique que les spectateurs veulent
écouter. Elle se déroule en anglais avec des sous-titres en coréen.
Elle est très populaire parmi les fans de K-Pop internationaux
désireux d'apprendre le coréen car elle peut être visionnée en
ligne. Elle est également appelée par ses initiales ASC.

Exemple :
Pour apprendre le coréen via la K-Pop, pas de programme aussi efficace que l'*After School
Club*.

A.R.M.Y

Le nom du fan-club officiel de BTS

Initiales d'**A**dorable **R**epresentative **M**.C for **Y**outh. **A.R.M.Y.** signifie également "armée",
désignant ainsi le fandom immense composé par les fans de BTS du monde entier. Le symbole
de BTS étant le gilet <u>pare-balles</u> (car l'ancien nom de BTS était <u>Bang Tan</u> So Nyeon Dan 방탄
소년단 "<u>Bulletproof</u> Boy Scouts"), ce nom rappelle également que BTS et son fan-club sont
toujours ensemble comme un soldat et son gilet. Ayant dépassé le stade d'un simple fan-club,
ils ont des activités pleines de sens sur les problèmes internationaux comme le racisme ou
encore la pollution environnementale en unissant leurs efforts.

Exemple :
La fille : Maman ! Je suis inscrite à l'*A.R.M.Y.* !
La mère : À l'armée ?
La fille : Non ! Au BTS fan-club !

American Hustle Life

Émission de téléréalité avec BTS

Émission de téléréalité en 8 épisodes diffusée par Mnet se déroulant à
Los Angeles au début de la carrière de BTS. Le résumé de l'émission
est le suivant : les membres de BTS croient aller aux États-Unis pour
un nouvel album, mais en réalité ils passent 24 heures à Los Angeles
avec des tuteurs hip-hop pour comprendre et vivre complètement la
vraie culture hip-hop en accomplissant différentes missions.

Exemple :
C'est grâce à *American Hustle Life* que BTS existe aujourd'hui !

아놔 A Nwa [a-nwa]

"WTF"

Le début de la phrase : "**A, Na** Jeong Mal Hwa Nan Da **아, 나 정말 화난다** Ah, je suis vraiment en colère". Devrait normalement s'écrire "A Na" mais la prononciation "A Nwa" est plus drôle. Expression qui sort automatiquement lorsque l'on est en colère ou agacé. Sans dire le reste de la phrase, le début "**A Nwa**…" suffit à faire comprendre à son interlocuteur que l'on n'est pas de bonne humeur.

Exemple :
So Hee : Chéri, viens voir ça !
Kai : Qu'est-ce qu'il y a ?
So Hee : J'ai arraché la prise de l'ordinateur sans faire exprès…
Kai : *A Nwa*…

애빼시 Ae Bbae Si [ae-ppae-shi]

Personne ayant beaucoup de Ae Gyo.

Contraction de "**Ae Gyo Bbae** Myeon **Si** Che **애교 빼면 시체** (sans Ae Gyo, n'est rien qu'un cadavre)", désigne une personne pleine d'Ae Gyo.

Exemple :
Wonmi : Chéri, je t'aime ! Hé hé <3 <3
Hojoon : Qu'est-ce qu'il y a ? Pourquoi t'es pleine d'Ae Gyo aujourd'hui ?
Wonmi : Mais non, pas juste aujourd'hui ! C'est comme ça tous les jours *^_^*
Hojoon : C'est vrai. C'est pour que ça que les gens t'appellent *Ae Bbae Si*.

애인 Ae In [ae-in]

Personne que l'on aime

Mot composé des caractères chinois "**Ae 애 愛**" signifiant "amour" et "**In 인 人**" signifiant "personne". Différence avec un copain ou une copine : se rappeler qu'un copain ou une copine peut être un ou une **Ae In** (un amoureux/une amoureuse) mais un ou une **Ae In** n'est pas forcément son copain ou sa copine.

Exemple :
Hye : Chéri. Est-ce que je suis ta copine ?
Cheolsoo : Euh, non.
Hye : Quoi ? Je suis quoi pour toi alors ?
Cheolsoo : (confus) Hm… *Ae In* ! Oui c'est ça ! T'es une *Ae In* !
Hey : Okay… T'as donc une copine ?
Cheolsoo : Je ne parlerai qu'en présence de mon avocat.

Age Line
Personnes nées la même année

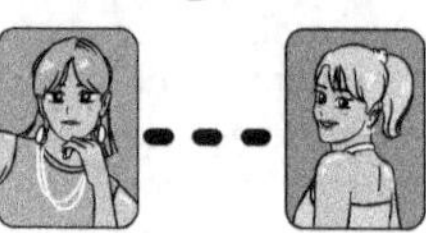

Expression regroupant les personnes nées la même année, s'utilise en ajoutant le mot "**Age Line**" après les deux derniers chiffres de l'année de naissance.

Exemple :
Ara : Salut les gars ! Je m'appelle Ara. Je suis née en 1994. Mon groupe sanguin c'est AB.
Yumi, Jihun, Tony : On est tous de 94. Bienvenue à la nouvelle membre du 94 *Age Line* !

아이구/고 A I Goo / A I Go [a-i-gu / a-i-go]
"Oh la la"

Expression pour manifester l'agacement, le désespoir, la honte, etc. Utilisée également pour réprimander ou pousser quelqu'un à bout.

Exemple :
A I Goo ! J'ai oublié de faire mes devoirs.
A I Go ! Quel débile !

아재 A Jae [a-jae]
Personne à la traîne de son époque

Dialecte de Gangwon-do du mot « A Ju Sshi 아저씨 » désignant un homme d'âge mûr ou un homme marié. Est utilisé aussi pour appeler un homme que l'on ne connaît pas. Peut être traduit par « monsieur » en français sans en contenir la nuance. Ce mot est dernièrement employé aussi pour désigner un style dépassé ou encore une personne à la traîne de son époque.

Exemple :
Michael : L'argent que papi aime le plus ? C'est « halmoni » !* MDR
Brian : Mais quel *A Jae*…

*Note : "Halmon" signifie "mamie" en coréen mais "moni" est prononcé comme "money" en anglais.

아재 개그 A Jae Gae Geu (Gag)

Une blague pas drôle du tout   [a-jae-gae-gŭ]

Mot composé du mot "**A Jae**" et de l'anglais "**Gag (blague)**", désigne des vieilles blagues provoquant de la gênance et la lourdeur plutôt que des rires. Indépendamment de l'âge de la personne qui fait ce genre de blague, elle devient tout de suite un A Jae.

Exemple :
On prend 20 ans quand on fait des *A Jae Gags*.

아줌마 A Jum Ma / A Joom Ma

Femme mariée/femme d'âge mûr   [a-jum-ma]

Mot désignant une femme mariée/une femme d'âge mûr caractérisée par une permanente excessive dont les boucles frisent comme des nouilles instantanées. Outre le sens lexical, peut contenir une nuance subtile selon le contexte. En effet, le mot "**A Jum Ma**" contient une connotation péjorative de "femme grossière et brute" ou encore "bruyante". On peut donc humilier une jeune femme mal polie en l'appelant "A Jum Ma". Enfin, il peut être utilisé également pour appeler une serveuse d'âge mûr à un restaurant, même si ces derniers temps on utilise plutôt "Unnie 언니 (mot pour appeler une grande sœur quand on est une femme)" ou "Imo 이모 (tante)".

Exemple :
Hul ! Cette *A Jum Ma* a volé la place du vieux monsieur !
T'as entendu ? Jenny est devenue une vraie *A Jum Ma* depuis qu'elle s'est mariée et qu'elle a eu un enfant !

아저씨 A Ju Sshi / Ah Ju Ssi [a-jŏ-ssi]

Personne à la traîne de son époque.

Nom désignant un homme marié/homme d'âge mûr. Comparable à A Jum Ma mais avec moins de sens péjoratif. On peut l'utiliser pour appeler un homme que l'on ne connaît pas. Il peut être impoli d'appeler un jeune homme "**A Ju Sshi**" car le mot contient la connotation de "personne dépassée ou à la traîne" comme le mot A Jae.

Exemple :
Ashley : *A Ju Sshi* ! Je peux vous demander mon chemin ?
Kyuwon : Euh… Oui… Mais je n'ai que 18 ans… :'(

악녀 Ak Nyeo [ak-nyŏ]

Personnage féminin faisant souffrir le personnage principal

Mot composé du caractère chinois "**Ak 악 惡**" signifiant "le mal" et de "**Nyeo 녀**" signifiant "femme". Désigne un mauvais personnage féminin dans les K-dramas ou les films, qui fait toutes sortes de mal et fait souffrir le personnage principal.

Exemple :
Hyun Ji joue super bien le rôle d'*Ak Nyeo* dans ce drama. Est-ce qu'elle est comme ça dans la vraie vie aussi ?

악플 Ak Peul [ak-pŭl]

Commentaire haineux

Mot composé du caractère chinois "**Ak 악 惡**" signifiant "le mal" et de l'anglais "re**ply**", désigne les commentaires malveillants sur les articles (et autres) en ligne sur une personne en particulier. Ces commentaires ont causé des suicides de célébrités et d'autres problèmes sociétaux. Ils sont également la cause principale des guerres entre les fan-clubs appelées "Fan Wars".

Exemple :
Mira était toute excitée en découvrant qu'elle avait plus de 200 commentaires sur la photo qu'elle avait postée mais elle était choquée de voir que c'étaient tous des *Ak Peuls*.

악플러 Akpler [ak-pŭl-lŏ]

Personne laissant des commentaires haineux

Néologisme venant du mot "**Ak Peul 악플**" et du suffixe anglais "**-er**" pour désigner la personne qui fait l'action : **Akpler**. Désigne les personnes mauvaises qui laissent des propos haineux en ligne qu'elles ne pourraient dire dans la vraie vie en comptant sur l'anonymat sur internet.

Exemple :
Lui là-bas, il a l'air normal comme ça mais il paraît que c'était un énorme *Akpler* sur internet !

알바 Al Ba / Ar Ba [al-ba]
Petit boulot

La contraction du mot allemand "arbeit" signifiant "travail",
désigne le mi-temps (triste car il craint son patron).

Exemple :
Sangmi : Eh ! C'est vendredi, tu vas faire quoi ?
Taeho : Je dois faire *Al Ba* jusqu'à l'aube… :'(

All-Kill
Gagner sur tous les sites majeurs de téléchargement de musique

Désigne le fait d'être classé 1er sur tous les sites majeurs de
streaming musical comme Melon, Soribada, Dosirak. Il est facile
de faire un "**All-Kill**" sur le Daily Chart (classement journalier)
mais bien plus difficile sur les Weekly/Monthly Charts
(classements de la semaine ou du mois).

Exemple :
Waouh ! La nouvelle chanson de notre Oppa a fait un *All-Kill* sur le Daily Chart !

안무 An Moo [an-mu]
Chorégraphie

Composante principale de la réussite d'un Idol avec le
"visual" et le "fan service". Pour qu'un album soit
populaire, il faut une chorégraphie adaptée au "concept"
de la musique, et il y a beaucoup de cas où une
chorégraphie bien faite devient à la mode et rencontre
un grand succès. C'est le cas de "Tell Me Dance" des
Wonder Girls ou encore la danse du cheval de Psy.

Exemple :
Mina : Hul ! T'as vu l'*An Moo* de la nouvelle chanson des Oppas ? C'est super sexy !

안물안궁 An Mool An Goong [an-mul-an-gung]

"Non demandé et même pas curieux de savoir"

Expression contractée composée de "**An Mool** Eo Bom 안 물어봄 je n'ai pas demandé" et de "**An Goong** Geum Ham 안 궁금함 je ne suis pas curieux de savoir", très efficace contre un ami qui n'arrête pas de parler de choses que l'on ne lui a pas demandées.

Exemple :
Jinsoo : Je me suis levé à 7h ce matin et j'ai bu un café, je me suis douché à 8h puis je suis allé au sport à 10h et à 12h…
Yoosun : *An Mool An Goong*… Arrête maintenant.

안습 An Seup [an-sŭp]

Pleurer

Contraction de "**An** Gu E **Seup** Gi Ga Chan Da 안구에 습기가 찬다", signifiant littéralement "mes globes oculaires se remplissent d'humidité", une façon humoristique de dire "mes yeux se remplissent de larmes". Désigne le phénomène physique automatique en réponse à un évènement très choquant ou triste comme apprendre l'entrée dans l'armée de son Idol préféré. On peut utiliser cette expression lorsque l'on voit une personne dans une situation misérable.

Exemple :
Hyomin a fait un blind date et elle a pété devant lui par erreur. Ha c'est vraiment *An Seup* :'(

Andromeda

Perdre la tête

Fait référence à la galaxie d'Andromède dans le cosmos lointain. Se dit d'une personne se comportant de manière irrationnelle et contraire au bon sens, qu'elle a "envoyé son bon sens à Andromède", qu'elle a perdu la tête comme si son bon sens était parti loin à travers la galaxie.

Exemple :
J'ai appelé mon patron bourré hier dans la nuit. J'avais envoyé ma tête à *Andromeda*.

안돼 An Dwae [an-doæ]

"Non"

Exprime aussi la surprise, la peur ou le choc.

Exemple :
Le copain : Je peux aller en boîte ce soir ?
La copine : *An Dwae* !

C'est dangereux ! *An Dwae* ! On s'est pris un but… On n'est pas qualifiés pour la Coupe du monde...

afreecaTV

Plateforme coréenne de streaming de média individuel

Plateforme de service de streaming vidéo P2P (Peer-to-Peer) créée en 2005 sous le nom de "W". La forme principale est le BJ (Broadcasting Jockey) animant sa chaîne avec des sujets variés qui chatte en direct et communique avec les spectateurs. Les spectateurs peuvent offrir aux BJ de la monnaie virtuelle appelée "Byeol Poong Seon 별풍선 ballon étoile", et les BJ populaires gagnent des revenus énormes.

Exemple :
Jérémy : T'as entendu ? Il paraît que Seho a gagné beaucoup de sous sur *afreeca TV* !
Tim : Quoi ? En Afrique ? Ou ça ? Au Kenya ? Au Congo ? En Jamaïque ?
Jérémy : Mais non abruti… Pas l'Afrique, la plateforme en ligne *afreeca T*V… et la Jamaïque ce n'est même pas en Afrique...

Anti

Personne qui déteste/est contre quelqu'un

Expression venant du mot anglais "**Anti**" exprimant l'opposition. Désigne une personne ou un groupe de personnes qui expriment leur hostilité ou leur répulsion envers un artiste ou un groupe en particulier. Il arrive souvent que la compétition entre groupes rivaux crée des **Anti**, certains fans extrêmes dérangent les concerts des groupes rivaux, envoient des lettres de menace de mort, des poupées ensanglantées, des couteaux et autres par colis.

Exemple :
JAJA a beaucoup de fans mais aussi des *Antis*. Ils doivent être jaloux parce qu'elle est trop jolie.

아파 A Pa [a-pa]

Expression pour extérioriser la douleur / Titre d'une chanson de 2NE1

Expression utilisée pour exprimer la douleur physique et/ou psychologique, également le titre d'une chanson de 2NE1 de 2010.

Exemple :
Félix : *A Pa* !
Mihyun : Tu t'es fait mal ?
Félix : Mdr non, j'écoute la chanson de 2NE1.

아리랑 TV Arirang TV [a-ri-rang TV]

Chaîne de télévision coréenne animée en anglais

Station de télévision coréenne produite en anglais (doublage ou sous-titres) et transmise dans le monde entier. Chaîne très utile pour les étrangers car elle permet de voir des actualités, des documentaires, des dramas sur la Corée en anglais. Contient également beaucoup d'émissions de K-Pop populaires comme Simple K-Pop, Pops in Seoul, Showbiz Korea.
(Note : Arirang est le titre d'une chanson folklorique traditionnelle coréenne.)

Exemple :
On peut apprendre la culture et la langue coréenne en même temps en regardant *Arirang TV*.

ARS

Répondeur téléphonique automatique

Initiales de l'anglais "**A**utomated **R**esponse **S**ystem" signifiant "un système de réponse automatique". Il s'agit d'un système automatisé et non d'une personne réelle qui répond au téléphone. Utilisé pour simplifier la collecte de dons car un appel engendre la facturation automatique d'un certain montant. Dans la K-Pop, utilisé comme outil pour le vote par téléphone par les fans des émissions télévisées d'audition/de compétition.

Exemple :
Appelez l'*ARS* et pressez la touche 3 pour que nos Oppas puissent gagner !

아싸 A Ssa [a-ssa]

"Chouette"

___

Expression de satisfaction quand quelque chose se
réalise de la manière dont on l'a souhaité ou voulu.

Exemple :
(Marcus et Taeho jouent au poker.)
Marcus : *A Ssa* ! Un full house ! Allez, ramène les sous !
Taeho : Pas si vite ! Moi j'ai un royal straight flush ! *A Ssa* ! C'est moi qui ai gagné !

바보 Ba Bo [ba-bo]

Idiot, Personne stupide, Personne immature

___

Expression moins grave comparée à d'autres insultes, souvent
utilisée dans la vie de tous les jours et dans des cadres familiers.
Utilisée également pour désigner une personne qui se comporte
de manière puérile non adaptée à son âge.

Exemple :
Lihyun : Oppa ! Tu sais quel jour c'est demain ?
Ohwi : Je ne sais pas, on sera lundi ?
Mihyun : *Ba Bo* ! C'est notre premier anniversaire d'un an :'(
Ohwi : A I Goo...

배고파 Bae Go Pa [bae-go-pa]

"État de grande faim"

___

Association du mot "**Bae** 배 ventre" et du mot "**Go Pa** 고파 avoir
faim". L'expression peut donc être utilisée en remplaçant le mot
"bae" par un autre signifiant ainsi "désirer très fort quelque
chose". Par exemple, "Sa Rang Go Pa 사랑 고파" signifie "avoir
faim d'amour", l'expression peut alors être utilisée pour dire que
l'on veut de l'amour (Sa Rang 사랑 amour).

Exemple :
La copine : *Bae Go Pa*.
Le copain : Tu as envie de quelque chose en particulier ?
La copine : Je ne sais pas... coréen ?
Le copain : Tu veux qu'on aille manger du Bulgogi ?
La copine : Je ne sais pas... plutôt cuisine chinoise ?
Le copain : O... Okay... Des dim sums alors ?
La copine : Je ne sais pas... Je n'ai peut-être pas faim finalement...
Le copain : Tu plaisantes ? Mais qu'est-ce que tu veux en fait ?!
La copine : Je ne mangerai pas. Je suis énervée.

배우 Bae Woo [bae-u]

Acteur de cinéma

Pour les actrices, on ajoute le préfixe "Yeo 여 féminin"
pour dire "Yeo **Bae Woo**".

Exemple :
Cheolsoo chante bien mais s'il jouait il serait un super *Bae Woo* aussi.

베이글 녀/남 [be-i-gŭl nyŏ/nam]
Bae I Geul (Bagel) Nyeo / Nam

Personne ayant un visage enfantin mais un corps sensuel"

Mot composé de l'expression "**Ba**by Face" signifiant "un
visage enfantin" et du mot "**Gl**amorous" pour qualifier un
physique sensuel et du mot "**Nam/Nyeo**" signifiant
"homme/femme". Pour un homme, la juxtaposition de
l'expression "**Ba**by Face" et du mot "**Gl**adiator" pour
qualifier un corps ferme et viril. Mot utilisé chez les
jeunes notamment pour la prononciation identique au mot
anglais "bagel 베이글".

Exemple :
Sonya a un visage de lycéenne mais son corps est complètement plantureux.
C'est une vraie *Bae I Geul Nyeo*.

발연기 Bal Yeon Gi [bal-yŏn-gi]

Mauvais jeu d'acteur

Signifie littéralement : "utiliser son "**Bal** 발 pied" pour jouer "**Yeon Gi** 연기
interprétation"". Expression pour se moquer d'un mauvais acteur. Ce qui se
passe lorsqu'un Idol qui n'est pas prêt à jouer se précipite pour faire ses
débuts. Cependant, il y a des personnes qui ont réussi à se créer un
personnage à partir du "**Bal Yeon Gi**", typiquement Jang Soo Won 장수원
(ancien membre du groupe Sechs Kies) qui a comme surnom "l'acteur robot".

Exemple :
Ura : T'as vu le drama hier ? Trop la honte le *Bal Yeon Gi* de notre Oppa...
Miyo : Mais oui ! Il aurait dû rester chanteur...

발라드 Ballad [bal-la-deu]
Chanson sentimentale sur l'amour

Genre le plus populaire dans la K-Pop, les chanteurs de
Ballad sont dits avoir une meilleure aptitude pour le chant
que les chanteurs de groupe de danse. C'est pourquoi les
membres de groupes d'Idol choisissent la **Ballad** pour
débuter en solo ou pour montrer leur talent de chanteur.

Exemple :
Quand Saemin chante une *Ballad* toutes les Fangirls ne peuvent que pleurer.

반대 Ban Dae [ban-dae]
Ne pas approuver

Mot que doit connaître tout fan de K-Drama. Traditionnellement en
Corée, un couple désirant se marier doit obtenir l'accord des
parents des deux familles. Cependant dans les dramas, des
personnages qui n'approuvent pas le mariage apparaissent de
temps en temps (a plupart du temps la mère du marié), le cliché le
plus souvent utilisé étant la mariée qui vient d'une famille pauvre.

Exemple :
Minki : Maman, papa, j'aimerais votre accord pour notre mariage.
La mère : Je ne sais pas. Chéri, qu'est-ce que t'en penses ?
Le père : *Ban Dae* !
Minki : Pourquoi papa ?
La mère : Elle a exactement le même caractère que ta mère. J'ai peur que tu souffres comme
moi.

반도 Ban Do [ban-do]
Un surnom pour la Corée

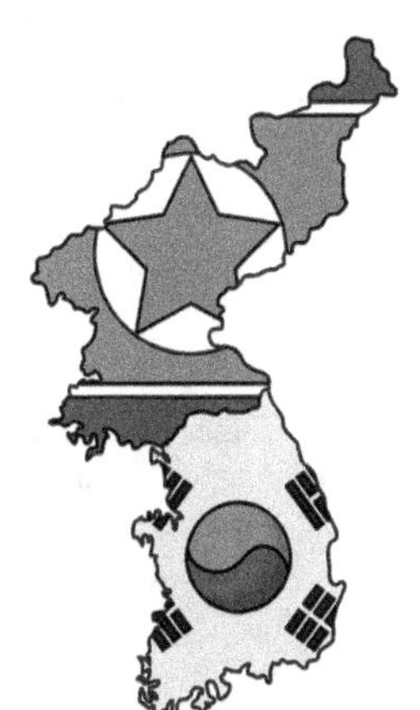

Mot venant de "Han **Ban Do** 한반도 péninsule coréenne".
Très largement employé chez les jeunes internautes comme
surnom. Utilisé sous la forme de "quelque chose de Ban Do".
Comme par exemple : "la mode de **Ban Do**" pour dire la mode
coréenne.

Exemple :
Wayne : Yo, qu'est-ce que tu manges ?
Brian : Du kimchi bien sûr si tu viens du *Ban Do* !

반말 **Ban Mal** [ban-mal]

Parler à l'aise sans formalités, tutoiement

Le contraire du Jon Daet Mal 존댓말 vouvoiement, il peut être utilisé avec des amis, des personnes plus jeunes que soi ou des personnes proches. L'utiliser avec des personnes plus âgées que soi ou à des personnes pas très proches est manquer de politesse, toutefois ne pose pas de problème s'il s'agit d'une utilisation par erreur faite par un étranger.

Exemple :
Quand je ne parlais pas très bien coréen à l'époque, je parlais en *Ban Mal* au professeur. La honte ! :'(

반모 **Ban Mo** [ban-mo]

Tutoyer

Contraction de "**Ban** Mal **Mode** 반말 모드 Mode Tutoiement". Terme utilisé chez les adolescents.

Exemple :
Doori : Bonjour Hoon.
Hoon : C'est quoi ce Jon Daet Mal ? On est dans la même tranche d'âge, on fait *Ban Mo* !
Doori : Okay mon gars !

바나나우유 **Banana Woo Yoo** [ba-na-na-u-yu]

Lait aromatisé à la banane

Lait aromatisé à la banane à grand succès grâce à la publicité populaire avec Lee Min Ho 이민호.

Exemple :
Hm, c'est super bon *Banana Woo Yoo*.
Mais il n'y a pas de banane du tout dedans.

방탄 Bang Tan [bang-tan]

Un autre nom pour BTS.

2013

B T S

2017

"Bang Tan (pare-balles)" vient de l'ancien nom de BTS : "**Bang Tan** So Nyeon Dan 방탄소년단 Bulletproof Boy Scouts" (changement en 2017 avec "Beyond The Scene"). Contient un sens complexe : "de la même manière qu'un gilet pare-balles arrête les balles, nous arrêterons les difficultés, les préjugés et les oppressions que vivent les adolescents".

Exemple :
Fille : Maman ! Achète-moi un gilet *Bang Tan*.
Mère : Pour aller à l'armée ?
Fille : Hul ! Pour m'inscrire au BTS fan-club !
Mère : Oh là là, qu'est-ce que c'est que ça encore ?

밥 Bap [bap]

Repas / Personne qui se laisse marcher sur les pieds

Le sens lexical de ce mot est "repas" mais il est également utilisé pour qualifier une personne facile à manipuler ou qui se laisse marcher sur les pieds (parce qu'il est facile de manger).

Exemple :
Min : Eh, on fait une partie de StarCraft 1 contre 1 ?
Tony : Lol ! Tu veux encore perdre ? Tu n'es que mon *Bap*.

빠순이/빠돌이 Bba Soon I / Bba Dol I

Expression réductrice pour désigner un fan.

[ppa-su-ni / ppa-dol-i]

Expression venant de l'association du mot "**Bba** 빠" du langage familier désignant "une personne aimant particulièrement quelque chose" et du mot réducteur "**Soon I / Dol I** 순이/돌이" désignant "un homme/une femme", elle désigne de manière réducteur les fans d'une célébrité ou d'un sportif. Cette expression peut être insultante, à ne surtout pas utiliser à une personne plus âgée, un inconnu ou à un évènement officiel.

Exemple :
Les gens qui n'ont jamais aimé quelqu'un ou qui n'ont jamais été aimés par quelqu'un nous appellent *Bba Soon I*.

삑사리 Bbik Sa Ri [ppik-sa-ri]

Une maladresse non intentionnelle

Désigne les cas de fausse note ou de voix éraillée (particulièrement pour les notes aiguës) en direct. Le pire cauchemar pour un chanteur mais rire assuré pour les autres.

Exemple :
Joon chante mal de base alors c'est difficile de savoir où est le *Bbik Sa Ri*.

빼박 Bbae Bak [ppae-bak]

Situation dans laquelle on ne peut ni faire ceci ni faire cela

Contraction de "**Bbae** Do **Bak** Do 빼도 박도 ni retirer ni planter", désigne une situation dans laquelle il n'y pas de bonne solution pour s'en sortir.

Exemple :
Ah mince… J'ai envoyé le message destiné à ma flirt à ma copine… *Bbae Bak*…

뻘글 Bbeol Geul [ppŏl-gŭl]

Texte inutile

Mot composé du patois "**Bbeol** 뻘" signifiant "inutile" et du mot "**Geul** 글 (texte, écrit, publication)". Désigne les publications inutiles sur les forums des communautés en ligne (comme il faut publier un certain nombre de textes afin d'avoir un niveau élevé, les nouveaux membres publient beaucoup de **Bbeol Geuls** pour obtenir un niveau élevé).

Exemple :
Joann : Qu'est-ce que tu fais ?
Max : Je suis occupé à rédiger des *Bbeol Geuls*.
Joann : Pourquoi faire ?
Max : Non mais il faut écrire au moins 20 publications pour s'inscrire à ce club.

뻥 **Bbeong** [ppŏng]
Mensonge, vantardise

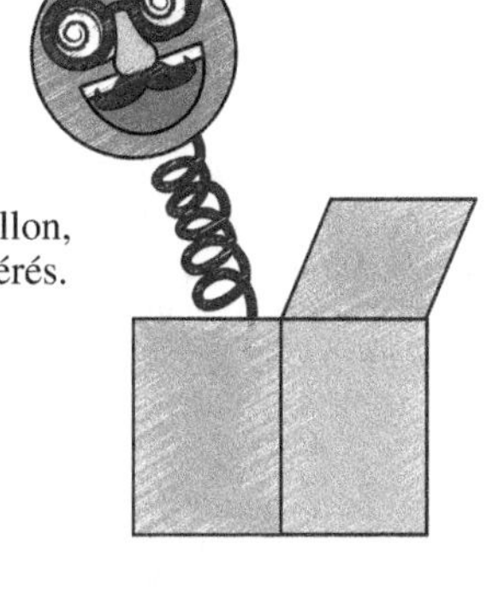

Onomatopée imitant le son d'éclatement d'un objet comme un ballon,
mais dans les conversations elle désigne des propos faux ou exagérés.

Exemple :
Alexander : Eh ! T'as du courrier de la part du FBI !
Victor : Hul ? Ça dit quoi ?
Alexander : Daebak… Mais qu'est-ce que t'as fait ?
Victor : Qu'est-ce qu'il y a ? Mais dis-moi !
Alexander : C'est écrit *Bbeong*.
Victor : Tu tiens vraiment à mourir toi...

뽀대 **Bbo Dae** [ppo-dae]
"SWAG"

Synonyme de "Gan Ji 간지" signifiant
"qui a du style", "qui a la classe".

Exemple :
Dongyu : Ha ha ! Regarde ma nouvelle voiture !
Nathan : C'est pas une Ferrari ?
Dongyu : Si !
Nathan : *Bbo Dae*...

뽐뿌 **Bbom Bbu** [ppom-ppu]
Inciter quelqu'un à faire quelque chose

Expression venant du verbe "**Pump** pomper". Comportement
visant à inciter quelqu'un à faire quelque chose par des
compliments ou la persuasion.

Exemple :
Bongmin : Qu'est-ce qui me va le mieux ? Le rouge ou le jaune ?
Tina : Les deux ! Achète les deux ! Oh, le blanc te va bien aussi !
Hum, pourquoi tu ne prends pas ces chaussures noires aussi ?
Bongmin : Arrête de *Bbom Bbu*...

뿌잉뿌잉 Bbu Ing Bbu Ing [ppu-ing ppu-ing]

Gestuelle et façon de parler pour paraître mignon/mignonne

Gestuelle effectuée pour faire Ae Gyo et paraître mignon/mignonne (la plupart du temps par les femmes) : mouvement circulaire des deux poings devant chaque joue en disant "**Bbu Ing Bbu Ing**" avec une voix enfantine.

Exemple :
MiSonya : T'es fâché Oppa ? *Bbu Ing Bbu Ing* !
Tony : Ça m'énerve encore plus.

베프 Be Peu [be-pǔ]

Best friend, meilleur ami

Contraction de "**Best Friend** 베스트 프렌드" (Note : le mot friend est prononcé "priend" car le son f n'existe pas en coréen), désigne un ami qui ne recule devant aucun sacrifice pour l'autre. Cependant dans les K-Dramas ou films, il arrive souvent que par ironie du sort le "**Be Peu**" devienne le pire ennemi.

Exemple :
Minho et Dongyu qui n'avaient pas d'amis sont devenus *Be Peu*.

베플 Be Peul [be-pǔl]

Le meilleur commentaire

Contraction de "**Best Reply** 베스트 리플 meilleur commentaire", désigne le commentaire sur Facebook ou encore Naver ayant reçu le plus de "Jo a yo 좋아요 likes". Certains en deviennent obsédés au point de risquer leur vie pour un like.

Exemple :
Adam : Ah ! J'ai laissé un commentaire sur une photo de G Dragon et j'ai plus de 500 likes ! C'est un *Be Peul* ! mdr
Ignacio : T'as écrit quoi ?
Adam : Que si j'ai plus de 100 likes, je mettrai un bikini pour me balader à Myeong-Dong.
Ignacio : Tiens ta promesse.

버카충 Beo Ca Choong [bŏ-ka-chung]

Rechargement de la carte de bus

Contraction pour "**Bu**s **Ca**rd **Choong** Jeon 버스 카드 충전 rechargement de la carte de bus", désigne l'acte de mettre de l'argent sur la carte T-money réservée au réseau de transport public en Corée.

Exemple :
J'ai prêté ma carte de bus à mon frère et je suis à 0. Il faut que j'aille *Beo Ca Choong*.

버정 Beo Jeong [bŏ-jŏng]

"BGM" ("bande originale" en français)

Contraction de "Bus Jeong Geo Jang 버스 정거장 station de bus". Dans les K-Dramas, souvent le lieu où le protagoniste rencontre son premier amour fatal. A l'inverse, peut aussi être le lieu de ruptures douloureuses.

Exemple :
Ah ! J'approche de la maison. Je vais descendre à cette *Beo Jeong*.

브금 Beu Geum [bŭ-gŭm]

"BGM" ("bande originale" en français)

Acronyme en coréen de l'expression anglaise "Background Music". La "Beu Geum" a un rôle très important dans les dramas, les films et les émissions de télévision pour instaurer une ambiance ou pour le développement de l'histoire.

Exemple :
Waouh, l'histoire de ce drama est super mais la *Beu Geum* est excellente à chaque moment important.

비친 Bi Chin [bi-chin]

Ami(e) vraiment fiable

Contraction pour "**Bi** Mil Ji Kyeo Ju Neun **Chin** Gu **비밀 지켜주는 친구** ami(e) qui garde un secret", désigne un(e) ami(e) à qui l'on peut se confier et parler de ses soucis.

Exemple :
Yumi : Tu peux garder un secret si je t'en dis un ?
Pamela : Bien sûr ! On n'est pas *Bi Chin* ? Dis-moi tout.
Yumi : J'ai gagné le jackpot au loto !
Pamela : Eh ! Yumi a gagné le jackpot !

비추 Bi Choo [bi-chu]

"Déconseillé"

Mot composé du caractère chinois "**Bi 비 非**" exprimant la négation et du mot "**Choo** Cheon **추천**" signifiant "recommandation". Contraire de Gang Choo (fortement conseillé, fortement recommandé).

Exemple :
Joe : T'en penses quoi de ce chapeau ?
Yong : *Bi Choo*…

비담 Bi Dam [bi-dam]

"Le plus beau/belle membre du groupe"

Contraction du mot composé de "Visual **비쥬얼** visuel" et de "**Dam** Dang **담당** en charge", désigne le membre le plus beau/la plus belle du groupe. (Note : comme la prononciation du v n'existe pas en coréen, s'écrit avec un b.)

Exemple :
Amora qui est une ancienne Miss Korea est la *Bi Dam* du groupe.

Bias

Idol/célébrité préféré

Vient du mot anglais exprimant la déformation/le penchant.
Désigne un être que l'on adore tellement que l'on ne peut
que le soutenir et l'aimer inconditionnellement quelle que
soit la situation.

Exemple :
Tommy Oppa est mon *Bias* ! Je l'aime tellement !

Bias Ruiner

Être qui convoite la place du Bias actuel

Un être dangereux car a suffisamment de charme
pour prendre la place du "Bias" actuel.

Exemple :
C'est grave. Le membre du nouveau groupe est trop
trop beau. Je pense qu'il va devenir un *Bias Ruiner*.

Big 3

Les 3 entreprises de show-biz de l'industrie K-Pop

Big 3 fait référence à JYP Entertainment, SM Entertainment et
YG Entertainment. Peut être comparé aux 3 entreprises majeures
(Samsung, Hyundai, LG) pour les demandeurs d'emploi ou aux 3
clubs du Premier League (Manchester United, Chelsea,
Liverpool) pour les footballers.

Exemple :
Kisoo, un ancien trainee de SM Entertainment qui a fait ses
débuts avec JYP, a signé un contrat avec YG. C'est donc un
Idol qui a connu le *Big 3*.

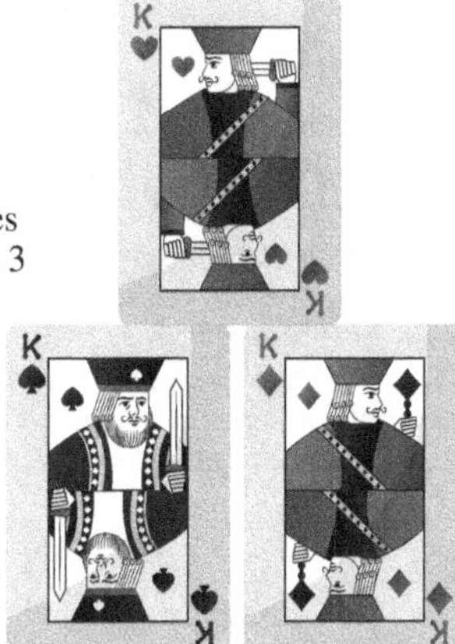

Black Day
Journée pour les célibataires

Journée émouvante du 14 avril de chaque année (soit deux mois après la Saint Valentin et un mois après White Day) pendant laquelle les célibataires n'ayant pas reçu de cadeau se réunissent habillés en noir et se consolent en mangeant un plat noir (Jja Jang Myun 짜장면 nouilles à la pâte de soja fermentée).

Exemple :
C'est **Black Day** aujourd'hui. Je vais manger du Jja Jang Myun tout seul vu que je n'ai pas de copine.

Black Ocean
"Interrompre les concerts des groupes rivaux"

L'acte d'éteindre tous les objets lumineux de supporters (comme les bâtons lumineux) dans les gradins pendant un concert pour faire de l'obscurité complète. Il s'agit d'une performance pour interrompre les concerts des groupes rivaux ou pour montrer son mécontentement.

Exemple :
Après la dispute entre le membre du groupe KOMO et le membre du groupe GINNIE, les fan-clubs des deux côtés font un **Black Ocean** à chaque concert de l'autre.

Body Rolls
"Sexy Wave Dance"

Mouvement de danse sensuel qui, en accentuant les courbes, fait bouger lentement comme une vague. Les Idols dont l'attrait est d'être sexy le font très bien.

Exemple :
Wonhee est tellement souple que quand on la regarde faire des **Body Rolls** on se demande si c'est un humain ou un caoutchouc.

보고싶어 Bo Go Shi Po [bo-go-shi-pŏ]

"Manquer"

Signifie au sens propre "vouloir voir quelqu'un ou quelque chose" mais il s'agit d'une expression idiomatique pour exprimer le manque. Expression pouvant être utilisée de manière informelle avec des proches ou des personnes plus jeunes que soi.
En ajoutant le suffixe "Yo 요" à la fin (**bo go shi po yo보고싶어 요**), l'expression devient semi-formelle et peut être utilisée avec des personnes plus âgées.

Exemple :
Myung Soo : ***Bo Go Shi Po*** !
Mina : Moi ? Je te manque ?
Myung Soo : Non, je ***Bo Go Shi Po*** le nouveau Avengers !

복불복 Bok Bool Bok [bok-bul-bok]

Chance aléatoire / Pot Luck

Mot composé des caractères chinois "**Bok 복 福** chance", "**Bool 불 不** ne pas" et "**Bok 복 福** chance" signiifie "chance ou malchance", c'est-à-dire "toute chance dépend du ciel".

Exemple :
Tu peux choisir un cadeau parmi ces 5 boîtes.
Tout est ***Bok Bool Bok***.

볼매 Bol Mae [bol-mae]

Personne qui est plus attirante plus on la fréquente

Contraction de "**Bol** Su Rok **Mae** Ryeok 볼수록 매력 charmant plus on le regarde". Désigne une personne qui devient charmante au fur et à mesure que l'on la fréquente alors que sa première impression n'était pas agréable.

Exemple :
Youngmi : Tu le vois toujours ?
Tina : Oui. Au début il n'était pas du tout mon style mais plus je le fréquente plus je le trouve bien.
Youngmi : Donne plus de détails, pourquoi il est ***Bol Mae*** ?
Tina : Eh bien, l'autre fois il a fait tomber son portefeuille et il avait plein d'espèces dedans !
Youngmi : A ssa ! il est cffectivement ***Bol Mae***.

본방사수 **Bon Bang Sa Soo** [bon-bang-sa-su]

Regarder l'émission à la première diffusion et non en replay

Expression venant de l'association de l'abréviation "**Bon Bang 본방**" de "**Bon Bang** Song 본방송" signifiant "la première diffusion/la diffusion originale" et de "**Sa Soo 사수**" signifiant "défendre au péril de sa vie". Symbolise la volonté déterminée de regarder la première diffusion et non la diffusion en replay, car le taux d'audience du programme est mesuré uniquement lors de la première diffusion. Comme les programmes où apparaissent les Idols préférés doivent donner un taux d'audience élevé afin qu'ils obtiennent des opportunités d'apparaître dans d'autres programmes, les fans passionnés essaient de **Bon Bang Sa Soo** coûte que coûte.

Exemple :
Ce que nous devons faire aujourd'hui pour nos Oppas : ***Bon Bang Sa Soo*** !

본좌 **Bon Jwa** [bon-jwa]

Le plus digne, le plus fort absolu

Expression méliorative pour se qualifier, parmi les adolescents elle signifie "champion" ou "le plus fort absolu".

Exemple :
Junho : Bande d'imbéciles, dégagez la route !
Wang : Quoi ? Tu te prends pour qui ?
Jungo : Je suis le ***Bon Jwa*** de la K-Pop !
Wang : Oh ! Seigneur. Pardonnez-moi de ne pas vous avoir reconnu.

부비부비 **Boo Bi Boo Bi** [bu-bi-bu-bi]

Danser collés-serrés

Onomatopée imitant le frottement de deux objets. Désigne le "dirty dancing" dans les clubs où les danseurs dansent collés-serrés la main fixée sur le bassin. Attention car de manière excessive, cela peut devenir un harcèlement sexuel.

Exemple :
Wonhee : Berk ! Il y a un mec qui m'a fait ***Boo Bi Boo Bi*** !
Nancy : Il était beau ?
Wonhee : Non.
Nancy : Berk.

Booking
Rencontre instantanée/sur place

Sorte de service proposé dans les clubs coréens où le serveur ramène des clientes aux tables des clients (dans de rares cas l'inverse) pour arranger une rencontre.

Exemple :
Le serveur : Chers clients, voulez-vous que je vous fasse un *Booking* ?
Les gentlemen : Non merci ! Ce soir on va rester entre nous !

부캐 Boo Kae [bu-kae]
Un autre soi

Mot réduit à partir du caractère chinois "**Boo 부 副**" signifiant "secondaire/accessoire" et du mot anglais "**Cha**racter 캐릭터 personnage". Par exemple une célébrité connue pour être un chanteur de Ballad qui a des activités d'humoriste avec un **Concept** totalement différent, ou encore un acteur populaire qui fait du rap hip-hop. Ils utilisent un pseudonyme différent de leur nom.

Exemple :
Jenny est chanteuse de Ballad à la base mais son *Boo Kae* rappeuse hip-hop Ms. Kim est bien plus populaire. Je pense que ce serait mieux qu'elle continue plutôt avec son *Boo Kae*.

불금 Bool Geum [bul-gŭm]
Vendredi de folie

Contraction de "**Bool** Ta Neun **Geum** Yo Il 불타는 금요일 vendredi en feu". Représente les travailleurs emprisonnés dans les semaines de travail de 5 jours qui profitent enfin de leur liberté après le boulot.

Exemple :
Oh oui ! Fin de la journée ! Début du *Bool Geum* !

불펌 Bool Peom [bul-pŏm]

Partage illégal

Mot composé de "**Bool** Beop 불법 illégal" et "**Peom** 펌 partage".
Désigne l'acte de diffuser un post alors que l'auteur en a interdit le partage.

Exemple :
Ce n'est pas parce qu'une photo est en ligne qu'elle n'est pas protégée par le droit d'auteur. Le *Bool Peom* est passible de sanction.

BTS 세계관 / BTS Universe / BU

Un fil conducteur reliant les contenus de BTS.   [BTS se-gye-gwan]

De la même manière que Marvel, connu pour la série de films de super-héros Avengers, qui relie les histoires des différentes œuvres dans l'univers MCU (Marvel Cinematic Universe), BTS aussi développe dans un univers virtuel leur histoire de jeunesse et leur évolution sous la forme d'une série. L'histoire ne se déroule pas selon un ordre chronologique, divers symboles et liens sont éparpillés comme les morceaux d'un puzzle. Ils sont présentés sous divers contenus comme les webtoons ou les clips, et ces contenus sont étiquetés du logo "**BU**".

Exemple :
La fille : Maman, je suis super intéressée par le *BU* en ce moment.
La mère : La Boston University tu veux dire ? T'as envie de faire tes études aux États-Unis ?
La fille : Non… Je parle de *BTS Universe*…

Buffering

"Mise en mémoire tampon", "bug", "bafouiller"

Situation où une vidéo en ligne s'arrête continuellement et cause de la frustration. Terme également employé pour qualifier une personne qui ne parle pas correctement en bégayant ou qui esquive les questions de manière hésitante et cause de la frustration.

Exemple :
Tommy : Ah...Ah ben… Ah ben, ça… Ça alors !
Semi : Arrête le *Buffering* et parle plus vite !

Burning

État passionné dans lequel on fait quelque chose

Expression pour désigner un état de fascination envers quelque chose, tellement passionné que l'on est au point de s'enflammer.

Exemple :
Le fils : Comme c'est exam demain je suis en ***Burning*** !

Burrow

S'enfuir, se cacher

Aptitude particulière des Zergs, une espèce extraterrestre dans le jeu vidéo StarCraft, désigne le fait de creuser un trou au sol et de s'y cacher. Sur le net, désigne la disparition soudaine d'un internaute en pleine dispute par peur de perdre.

Exemple :
Il y a deux membres de ce club en ligne qui se disputaient pour savoir qui est le meilleur puis l'un des deux a fait ***Burrow*** quand on a découvert qu'il a menti.

Butter Face

Femme parfaite excepté le visage

Utilisation de l'anglais "**But Her Face** (mais son visage)" pour dire "toutes les conditions exceptionnelles mais visage regrettable".

Exemple :
Tom : Parle-nous de ta copine !
John : Okay. Elle est intelligente, drôle, … Mais… C'est une ***Butter Face***.
Sonya : Eh, je vais te tuer ! J'ai tout entendu !
John : Non non ! Je voulais dire que t'as le visage doux comme du beurre.
Sonya : T'es un homme mort.

별다방 Byeol Da Bang [byŏl-da-bang]
Starbucks

Mot composé du mot coréen "**Byeol** 별 étoile" pour le "Star" de "Starbucks" et du mot "**Da Bang** 다방 café/salon de thé", désigne la chaîne de café "Starbucks".

Exemple :
Barry : On se voit au *Byeol Da Bang* tout à l'heure !
Tony : Tu veux dire au Starbucks ?
Barry : Qui dit encore Starbucks aujourd'hui ?

병맛 Byeong Mat [byŏng-mat]
Bizarre

Néologisme venant de l'association de "**Byeong** Shin Ga Teun 병신같은 comme un débile" et de "**Mat** 맛 goût". Terme des adolescents pour désigner quelque chose ou un comportement bizarre.

Exemple :
Si je mets un pantalon rouge, un T-shirt jaune et un chapeau vert à un entretien d'embauche, je serais *Byeong Mat* ?

변태 Byun Tae [byŏn-tae]
Pervers

Personne ayant des désirs sexuels anormaux. Typiquement le personnage tout nu en trench qui s'exhibe d'un coup devant les femmes. Bien sûr, le cliché K-Drama est le personnage masculin qui apparaît de nulle part et fait preuve de chevalerie en couvrant les yeux de l'héroïne.

Exemple :
Layla : Qu'est-ce que tu fais ?
Mason : Je fais la sieste avec Sora !
Layla : C'est une peluche avec une photo de Sora ?
Mason : Oui ! C'est joli hein ?
Layla : Ah quel *Byun Tae*.

Call

Accepter

Terme provenant du poker, désigne l'acceptation lorsqu'un adversaire augmente le montant du pari. Dans le quotidien, terme utilisé de manière décontractée pour accepter la proposition de quelqu'un.

Exemple :
FHoon : Eh, on va au ciné aujourd'hui, ça te dit de venir ?
Mike : *Call* !

CARTEL

L'Union des 3 Fan-clubs

Union formée en 2008 au Dream Concert par 3 fan-clubs, Cassiopeia (DBSK), Triple S (SS501) et ELF (Super Junior), appelée **CARTEL**, connue pour leur Black Ocean pendant la performance de Girls' Generation.

Exemple :
MiJ'avais l'impression de voir la version fan-club de "We Are The World" en regardant le Black Ocean de *CARTEL* au concert d'hier.

Casting

Le fait d'obtenir un rôle

Le fait d'obtenir un rôle dans un drama, film, CF, émission télévisée, etc.

Exemple :
Seung Hoon, le Maknae des Gogo Boyz, a été *Casting* au drama "Love you".

CF
Publicité

Initiales du mot anglais "Commercial Film",
désigne les publicités à la télévision, à la radio, etc.
Une publicité bien saisie permet parfois de rendre
célèbre d'un bond un artiste jusqu'alors inconnu du
public.

Exemple :
Waouh ! C'est qui cette femme dans ce *CF* de soju ?

차도남/차도녀 Cha Do Nam/Nyeo
Un homme/une femme froid/froide de la ville   [cha-do-nam/nyŏ]

Contraction de "**Cha** Ga Un **Do** Shi Eui **Nam** Ja/**Yeo** Ja
차가운 **도**시의 **남**자/**여**자 un homme/une femme froid/froide de la
ville". Désigne un personnage insolent et froid. Dans les K-Dramas,
avec l'avancement de l'histoire, finit par ouvrir son cœur et tombe
amoureux de l'autre personnage.
(Note : la forme réduite du mot "femme **yeo**-ja **여자**" est "**nyeo 녀**".
On écrit donc cha do nyeo 차도녀 et pas cha do yeo 차도여.)

Exemple :
Oh, pourquoi elle est aussi insolente celle-là ? Elle se croit
Cha Do Nyeo ou quoi ?

재벌 Chaebol   [jae-bŏl]
Extrêmement riche

Principales grandes entreprises en Corée (Samsung,
LG, Hyundai, etc.). Dans le domaine du K-Drama,
désigne les personnages riches dans les dramas de
type "Cendrillon". Personnages souvent dépeints
comme étant arrogants et orgueilleux, pensant que
même l'amour peur être acheté.

Exemple :
Miho : Waouh, il doit être vraiment très riche. C'est peut-être un *Chaebol* ?
Karla : Non, il n'est juste pas raisonnable.

철벽녀 Cheol Byeok Nyeo [chŏl-byŏk-nyŏ]

Femme difficile à séduire

Mot composé de "**Cheol Byeok 철벽** muraille de fer" et "**Nyeo 녀** femme". Personnage féminin apparaissant souvent dans les K-Dramas, dépeint comme immuable devant toute tentative de séduction des personnages masculins.

Exemple :
Je lui ai fait au moins 10 déclarations d'amour mais elle ne cède pas. C'est vraiment une *Cheol Byeok Nyeo*.

철새팬 Cheol Sae Fan [chŏl-sae-paen]

Personne appartenant à plusieurs Fan-clubs

Mot composé de "**Cheol Sae 철새** oiseau migrateur" et "**Fan**", désigne une personne qui n'appartient pas qu'à un seul fan-club mais à plusieurs, allant entre les différents fan-club comme un oiseau migratoire.

Exemple :
Hier les Monkey Boys et aujourd'hui les Daebak Boys, je suis une vraie *Cheol Sae Fan*.

천조국 Cheon Jo Guk [chŏn-jo-guk]

Les États-Unis

Le budget annuel de la défense nationale des États-Unis étant dit à 1 "조 (unité pour 1 000 milliards)" de dollars américains, soit à "**Cheon Jo** Won **천조원** mille 조 de wons (1 000 000 milliards)" converti en monnaie coréenne, surnom donné aux États-Unis, composé du mot "**Cheon Jo 천조** (1 000 000 milliards)" et du mot "**Guk 국** nation". Surnom utilisé sur le net mais pas dans les actualités ou les médias officiels.

Exemple :
FVictor : Je vais au *Cheon Jo Guk* demain !
Wendy : Quoi ? Où ? C'est un nouveau pays ça ?
Victor : Mais non les États-Unis !

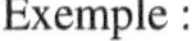

정말 Jeong Mal / Cheong Mal [jǒng-mal]
Vraiment

Mot utilisé pour demander la véracité d'une situation
ou d'un propos, ou encore pour exprimer la surprise.

Exemple :
Hyoju : Je t'aime *Jeong Mal Jeong Mal* !
Gibeom : *Jeong Mal* ?
Hyoju : *Jeong Mal* !

첫콘/막콘 Cheot Con/Mak Con
Premier concert/dernier concert [chǒt-kǒn/mak-kǒn]

Assocation de "**Cheot 첫** premier" et "**Con**cert 콘서트" / "**Mak 막**
dernier" et "**Con**cert 콘서트". Expression utilisée pour différencier
les différents concerts programmés sur plusieurs jours.

Exemple :
Comme je n'ai pas pu assister au *Cheot Con*, il faut absolument que j'aille au *Mak Con*.

첫사랑 Cheot Sa Rang [chǒt-sa-rang]
Personne spéciale que l'on ne peut jamais oublier

Mot composé de "**Cheot 첫** premier" et "**Sa Rang 사랑** amour",
littéralement premier amour. Dans les clichés de K-Drama,
personnage apparaissant soudainement pour perturber les
sentiments de l'héroïne qui était heureuse en couple.

Exemple :
Ça fait 10 ans maintenant, mais je ne peux toujours pas oublier mon *Cheot Sa Rang*.

치맥 Chi Maek [chi-maek]

Poulet frit et bière

Contraction de "**Chi**cken **치킨** poulet frit" l'une des collations préférées des coréens et "**Mae**k Ju **맥주** bière". Dans le drama "Byeol E Seo On Geu Dae **별에서 온 그대** Mon Amour venu des étoiles", l'héroïne jouée par Jeon Ji Hyun **전지현** dit "Un jour neigeux comme ça, un **Chi Maek** serait parfait !", ce qui a causé en Chine la grande mode de publier des selfies sur les réseaux sociaux en mangeant un **Chi Maek**.

Exemple :
Chi Maek c'est le meilleur pour les matchs de foot !

친추 Chin Choo [chin-chu]

Demander en ami sur les réseaux sociaux

Contraction de "**Chin** Gu **친구** ami" et de "**Choo** Ga **추가** ajouter". A l'avantage d'être moins gênant que de demander directement un numéro de téléphone.

Exemple :
Miyako : Merci de m'avoir *Chin Choo* sur Facebook !
Tomo : Avec plaisir !

친삭 Chin Sak [chin-sak]

upprimer un ami des réseaux sociaux

Contraction de "**Chin** Gu **친구** ami" et "**Sak** Je **삭제** supprimer", désigne l'acte de supprimer un ami sur les réseaux sociaux. Moyen facile de couper les ponts mais attention car peut être blessant ou mal interprété.

Exemple :
Miyako : Tu sais Tommy que j'ai Chin Choo hier, c'est un vrai pervers !
Jackie : Fais-le *Chin Sak* !

진짜 Jin Jja / Chin Cha [jin-jja]
Vraiment

Mot utilisé pour demander la véracité d'une situation
ou d'un propos ou pour exprimer la surprise.

Exemple :
Paulina : Mimi et Changyo sortent ensemble !
Kathryn : *Jin jja* ?

친구 Chin Gu [chin-gu]
Ami

N'importe qui peut en avoir mais en réalité certains n'en ont pas. En
Corée, l'âge n'est pas important pour devenir amis, cependant dans
le contexte scolaire, on appelle "Seon Bae 선배" une personne plus
âgée et "Hoo Bae 후배" une personne plus jeune.

Exemple :
Soyons *Chin Gu* vu qu'on est tous les deux de 96 !

초보 Cho Bo [cho-bo]
Débutant

Désigne une personne maladroite de niveau débutant, mot qui
s'est répandu par les étrangers à partir de son utilisation par
des gamers coréens des jeux en ligne comme StarCraft, LOL,
Counter Strike, etc. Cas montrant le statut des eSports coréens.

Exemple :
C'est vraiment difficile le golf. Même après 10 ans, je suis toujours *Cho Bo*.

Chocolate Abs

Abdo six-pack", "abdo en tablette de chocolat

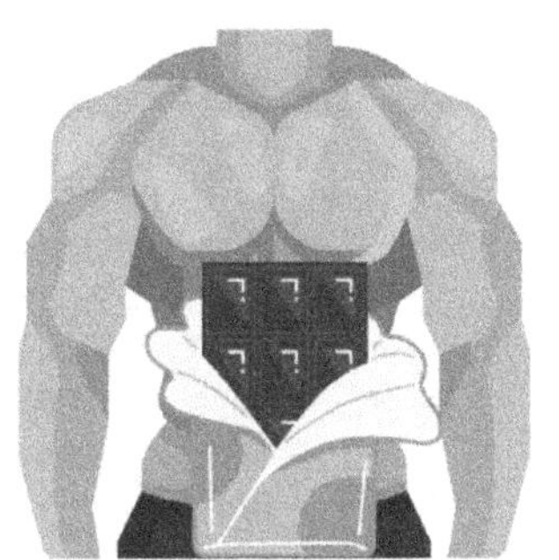

Nom donné car un abdomen musclé ressemble à
une tablette de chocolat.

Exemple :
Si l'on fait du sport et suit un régime, n'importe qui peut
avoir des *Chocolate Abs*.

초딩 Cho Ding [cho-ding]

Personne se comportant comme un jeune enfant

Mot taquin désignant "**Cho** Deung Hak Saeng 초등학생 élève d'école primaire",
utilisé également pour se moquer d'une personne se comportant comme un jeune
enfant. C'est aussi le surnom d'Eun Ji Won 은지원 membre de Sechs Kies.

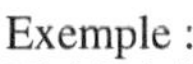

Exemple :
Jihoon n'aime que les pizzas et les hamburgers comme un *Cho Din*g.

출첵 Chool Chek [chul-chek]

Vérifier la présence

Contraction de "**Chool** Seok 출석 présence" et "**Check** vérifier".
Beaucoup d'enseignants ne font pas l'appel et ne vérifient que les
places vides en salle de classe. En effet, en Corée une classe occupe
toujours la même salle et les élèves ont tous une table et une chaise
qui leur sont attitrées. Les mauvais élèves en profitent pour faire
l'école buissonnière en cachant leur table et leur chaise.

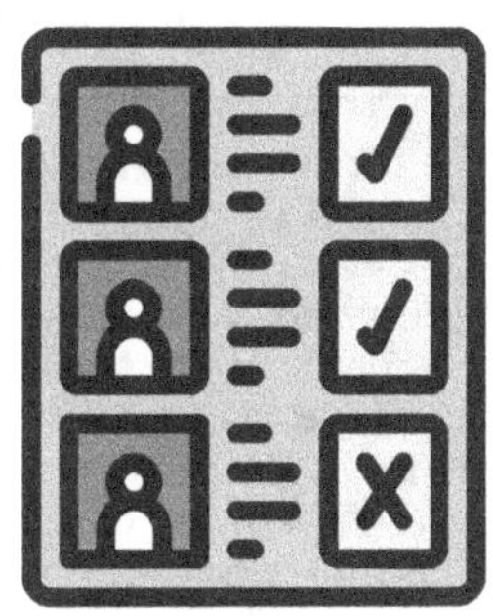

Exemple :
Eh ! Dépêche-toi, il y aura bientôt le *Chool Check* !

춤 Choom [chum]

Danse

L'une des qualités essentielles d'un Idol. Il arrive qu'un membre qui ne chante pas bien compense son défaut avec son talent de **Choom**.

Exemple :
Le *Choom* dans Gangnam Style de Psy est super difficile à imiter.

추석 Chu Seok [chu-sŏk]

Fête nationale traditionnelle coréenne en automne

Le 15 août du calendrier lunaire, l'une des plus grandes fêtes en Corée, célébrée à la période des moissons en automne. Appelée aussi "Han Ga Wi 한가위". On porte le Han Bok 한복 (tenue traditionnelle coréenne), on joue à des jeux traditionnels et on mange entre autres le Song Pyeon 송편 (gâteau de riz en forme de demi-lune).

Exemple :
Toute la famille se réunit à *Chu Seok*. C'est super bruyant du coup.

취중진담 Chwi Joong Jin Dam

Vérité dite en état d'ébriété [chwi-jung-jin-dam]

Le fait de dire des choses que l'on ne peut pas dire habituellement en profitant de l'effet de l'alcool. Dans les K-Dramas, se manifeste par des scènes de déclaration à une personne secrètement aimée ou d'expression de mécontentement à un supérieur hiérarchique (l'alcool joue le rôle de lubrifiant social dans la société coréenne où les relations hiérarchiques venant des différences d'âge et de fonction sont sévèrement respectées). Également le titre d'une chanson célèbre du chanteur Kim Dong Ryul 김동률.

Exemple :
Mimi : Il m'a fait une déclaration hier en buvant, tu penses que c'est une blague ?
Yolanda : Pas sûr, ce ne serait pas *Chwi Joong Jin Dam* ?

취켓팅 Chwi Ke Ting [chwi-ket-ting]
Saisir un billet annulé

Mot composé de "**Cwhi** So 취소 annulation" et "Tic**keting**".
Désigne le fait de s'emparer de billets d'un concert complet
ou d'une émission rendus disponibles grâce à une
annulation. Chance et concentration sont essentielles.
Certains revendent plus chers les billets monopolisés grâce à
des programmes informatiques.

Exemple :
Inbi : Ah ! Tous les billets ont été vendus !
Bonnie : Ne t'inquiète pas, il nous reste le *Chwi Ke Ting* !

콜라보 Colabo [kol-la-bo]
Collaboration

Expression raccourcie de l'anglais "collaboration".
Désigne la présentation d'une œuvre originale pour
laquelle les artistes réunissent leurs différents talents.

Exemple :
Le rappeur Toby et le chanteur Jin Jin vont faire *Colabo*
pour un album.

Concept
Personnage ou image que l'on cherche à montrer

Peut rester identique pendant toute la carrière ou être changé
de manière éphémère. Pour les chanteurs et les groupes,
modifié selon le **Concept** de l'album lui-même, pouvant
être très varié : "sexy", "mignon", "mystérieux", etc.

Exemple :
T'es vraiment débile ou c'est ton *Concept* ?

D Line
Bidon

Mot associé au ventre rebondi qui rappelle la lettre D.
Contrairement à la S line, ce que tout Idol évite à tout prix.

Exemple :
Comme je n'ai fait que manger et dormir mon corps est devenu *D Line*.

다나까 Da Na Kka [da-na-kka]
Langage utilisé à l'armée

Langage utilisé à l'armée : toute phrase doit se terminer par "**Da** 다 (forme déclarative)", "**Na** 나 (forme interrogative du registre familier)", "**Kka** 까 (forme interrogative du registre soutenu)". (Note : en Corée, le niveau de langue employé par une personne dépend de son âge et de sa position hiérarchique. "**Da**", "**Na**" et "**Kka**" sont surtout utilisés par des militaires.) Cette façon de parler est devenue populaire même parmi les civils à cause du drama à grand succès "Tae Yang Eui Hu Ye 태양의 후예 Les descendants du soleil" ayant l'armée comme décor.

Exemple :
Fan de K-Pop : Vous avez mangé *kka* ? Tu m'aimes *na* ? Oui je t'aime *da* !
La mère : C'est quoi cette langue ?

답정너 Dab Jeong Neo [dap-jŏng-nŏ]
Personne qui n'écoute rien après avoir demandé un avis

Contraction de la phrase : "**Dap** Eun 답은 la réponse est **Jeong** Hae Jyeo It Da 정해져있다 déterminée **Neo** Neun 너는 toi Dae Dap Man Hae Ra 대답만 해라 tu n'as qu'à répondre". Désigne une personne qui demande l'avis des autres mais qui finalement n'en fait qu'à sa tête. (Pourquoi demander alors ?)

Exemple :
La copine : Chéri, tu préfères la robe rouge ou la robe bleue ?
Le copain : Je trouve la bleue plus jolie.
La copine : Ah, je vais mettre la rouge.
Le copain : Tu ne serais pas une *Dap Jeong Neo* ?
Pourquoi tu me demandes mon avis ?

대륙 Dae Ryuk [dae-ryuk]
La Chine

Le sens lexical signifie "continent", c'est donc un surnom de la Chine qui possède un territoire immense. Terme utilisé sous la forme : "quelque chose de **Dae Ryuk**". Par exemple, "la nourriture de Dae Ryuk" désigne la nourriture chinoise. Comme avec le mot Ban Do pour la Corée ou le mot Cheon Jo Guk pour les États-Unis, terme utilisé principalement par les adolescents sur le net, non utilisé sur les médias officiels.

Exemple :
Xiao : Regarde ! Il a mangé 30 raviolis en une bouchée !
Tomo : Waouh ! Le style de *Dae Ryuk* est impressionnant !

대박 Dae Bak [dae-bak]
Réussite extraordinaire

Mot employé pour exprimer l'excitation et l'émerveillement, pouvant être traduit par "incroyable" ou "jackpot". L'une des expressions les plus fréquemment utilisées chez les collégiennes et les lycéennes. Il existe deux théories sur son origine : d'une part, l'association des caractères chinois "**Dae** 대 大 grand" et "**Bak** 舶 박 bateau" pour désigner un bateau plein de poissons et par extension une grande chance ; d'autre part le mot "**박** courge" (Note : dans le conte traditionnel coréen "Heungbu Nolbu 흥부 놀부", un pauvre couple soigne une hirondelle blessée à la patte. Cette hirondelle leur rapporte alors une graine de courge pour les remercier. La courge cultivée devient immense, le couple la coupe en deux et y découvre plein de trésors.).

Exemple :
Dae Bak ! J'ai vendu un jouet qui vaut 500 wons à 100 000 wons !

대상 Dae Sang [dae-sang]
Premier prix

Prix le plus prestigieux des cérémonies et évènements.

Exemple :
Waouh ! Soye a reçu le *Dae Sang* à l'émission musicale de KBS !

닭살 Dak Sal   [dak-sal]

Avoir la chair de poule" "Le dégoût

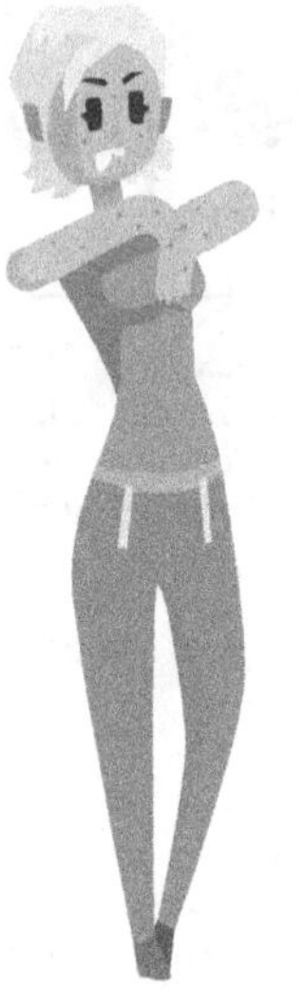

Le sens lexical étant la chair de poule, expression donnée à une peau faisant de l'urticaire comme la chair de poule. Sens positif et négatif. Signifie "jubilation" ou "frissonner" dans le cas positif et signifie "malaise" (comme lorsque l'on voit un couple faire des démonstrations d'affection en public) dans le cas négatif.

Exemple :
Ah ! C'est Oppa ! Il est trop beau en vrai ! Ah, *Dak Sal* !
Eh, vous être trop en mode cœur cœur ! *Dak Sal* !

달고나 Dal Go Na   [dal-go-na]

Friandise faite à partir de sucre

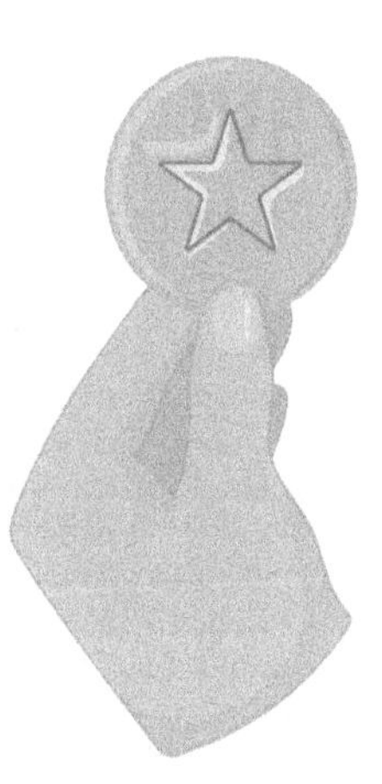

Une sorte de friandise faite en chauffant un mélange de sucre et de bicarbonate de soude. Appelée également "Bbop Gi 뽑기". Était très populaire dans les années 70 et 80 comme sucrerie de rue. Le vendeur utilisait un moule pour imprimer une forme sur le **Dal Go Na**, si l'on réussissait à en extraire la forme exacte, on pouvait en avoir un gratuit en plus. Présenté en 2021 dans la série Netflix à succès international "O Jing Eo Game 오징어게임 ("Squid Game")" et ainsi devenu populaire dans le monde entier. Le café **Dal Go Na** Coffee fait avec est aussi connu.

Exemple :
Les gamins d'aujourd'hui ne sont pas addicts de smartphone mais de jeu de *Dal Go Na*.

단톡 Dan Tok   [dan-tok]

Chat en groupe

Mot composé de "**Dan** Che 단체 groupe" et "**Tok** 톡 talk". Fonctionnalité des services de messagerie comme Kakao Talk ou Facebook Messenger permettant d'inviter plusieurs personnes dans une conversation groupée pour discuter ensemble. Problème sociétal car utilisé comme outil de contrôle des employés par les supérieurs hiérarchiques dans les entreprises.

Exemple :
Sumi : Invite-moi au *Dan Tok* s'il te plaît..
Lola : T'es sûre ? Le chef d'équipe va envoyer plein de messages.

당근 Dang Geun [dang-gǔn]
Bien sûr

Signifie "carotte" au sens lexical, mais expression utilisée par les jeunes car la prononciation se rapproche du mot d'orthographe correct "Dang Yeon 당연 sûr".

Exemple :
La mère : T'as mangé tes **Dang Geuns** aujourd'hui ?
La fille : **Dang Geun** !
La mère : Oui, des **Dang Geuns**.
La fille : Ah, je voulais dire "oui bien sûr".

Dark Horse
Personne compétente de manière inattendue

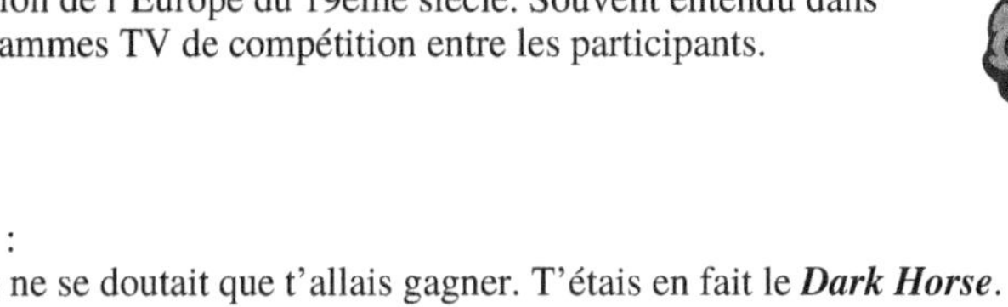

Candidat que personne ne s'attendait à voir gagner mais qui a remonté le classement comme favori. Vient des termes d'équitation de l'Europe du 19ème siècle. Souvent entendu dans les programmes TV de compétition entre les participants.

Exemple :
Personne ne se doutait que t'allais gagner. T'étais en fait le **Dark Horse**.

Dash
Déclarer son affection

Signifie en anglais "se précipiter sur quelque chose, charger".
Désigne l'acte de déclarer son amour à quelqu'un à la Saint Valentin ou à Noël.

Exemple :
Minho a pris courage pour **Dash** à Soomi et s'est mangé un râteau. Mdr.

DBSK
Dong Bang Shin Ki

Les initiales en anglais du nom coréen du groupe d'Idol **D**ong **B**ang **S**hin **K**i 동방신기 de SM Entertainment. La version chinoise est TVXQ (Tong Vfang Xien Qi).

Exemple :
Chin : Tu sais ce que ça veut dire *DBSK* ?
Ursula : Bien sûr. Dong Bang Shin Ki !

따봉 Dda Bong [tta-bong]
Super

Acte de lever les deux pouces en exprimant la surprise ou la satisfaction. Vient du portugais "tá bom". Cette expression vient d'une publicité télévisée des années 80 dont le contenu est le suivant : un homme d'affaire coréen en visite à une ferme brésilienne y goûte une orange. Tombé sous le charme, il crie "Tá Bom" en levant son pouce, la caméra montre alors les fermiers brésiliens pousser des cris de joie. Depuis, l'expression écrite en coréen "**Dda Bong 따봉**" est largement utilisée pour dire "super".

Exemple :
La mère : Fils, t'as besoin d'argent de poche ?
Le fils : *Dda Bong* maman !

딸바보 Ddal Ba Bo [ttal-ba-bo]
Père aimant extrêmement sa fille

"**Ddal 딸** une fille" + "**Ba Bo 바보** un idiot". Exression désignant un père "qui, comme un idiot, ne regarde que sa fille et qui est capable de tout lui donner". Cette expression est devenue populaire après le comportement de Choo Seong Hoon 추성훈 vis-à-vis de sa fille dans l'émission de téléréalité coréenne à succès "Superman I Dol A Wat Da 슈퍼맨이 돌아왔다 Le Retour de Superman".

Exemple :
Tina : John est toujours collé à sa fille.
Thomas : Oui, c'est un vrai *Ddal Ba Bo*...

뜬금포 Ddeun Geum Po [ttŭn-gŭm-pŏ]

Chose inattendue

Mot composé de "**Ddeun Geum 뜬금** de manière inattendue" et "**Po 포** canon". Vient du baseball : un home run par un joueur inattendu. Désigne dans la conversation le fait de sortir un mot inattendu.

Exemple :
Kyle : Ah au fait. Merci d'être mon pote.
Donnie : Pourquoi tu dis ça ? C'est complètement *Ddeun Geum Po*.

또라이 Ddo Ra I [tto-ra-i]

Personne extrêmement bizarre

Désigne à la base "une personne ayant un problème mental", mais ces temps-ci terme utilisé également pour désigner une personne ayant un comportement insensé.

Exemple :
Mendy : Hi hi hi, j'ai mangé un pot entier de wasabi tout seul.
Justin : Ah, quel *Ddo Ra I*.

똥차 Ddong Cha [ttong-cha]

Ex-copain

Mot composé de "**Ddong 똥** excrément" et "**Cha 차** voiture", désigne une voiture de mauvaise qualité ou qui est près de de la casse. Il existe une maxime sur les relations amoureuses qui dit : "**Ddong Cha 지나가고** après la voiture de merde, Benz 온다 vient la Benz". Elle fait référence à la situation où une femme qui souffrait à cause d'un homme mauvais rencontre une personne meilleure après la rupture. En conséquence, "**Ddong Cha**" est utilisé aussi pour désigner un ex.

Exemple :
Fei : Hul ! *Ddong Cha* n'arrête pas de m'appeler.
Qu'est-ce qu'il a ?
Judy : Hein ? Tu vas acheter une voiture d'occasion ?
Fei : Non, je parle de mon ex.

득템 Deuk Tem [dŭk-tem]
Obtenir un objet inattendu

Mot composé de "**Deuk** 득 obtenir" et "**Item** 아이템 article". Terme venant des jeux de rôle en ligne multijoueurs, exprime la joie d'obtenir un article inespéré comme trouver un objet dans une boîte au trésor.

Exemple :
Toby : A Ssa ! *Deuk Tem* !
John : Qu'est-ce qu'il y a ?
Toby : J'ai acheté un iPhone 7 à 100$!
John : Voyons voir… Ce n'est pas un iPhone mais un iPhome.
Toby : A nwa...

듣보잡 Deut Bo Jap [dŭt-bo-jap]
Personne sans intérêt

Contraction de "**Deut** Do **Bo** Do Mot Han **Jap** Geot 듣도 보도 못한 잡것 babiole jamais entendue ni vue". Également utilisée pour rabaisser ou dénigrer l'autre.

Exemple :
Heena : Ah oui, est-ce que je suis connue aux États-Unis ?
Uma : Non, pas du tout. T'es complètement *Deut Bo Jap*.

Digital Single
Titre ne pouvant être acheté qu'en ligne uniquement

Contrairement aux CD que l'on peut acheter directement en magasin, désigne les titres musicaux que l'on ne peut qu'acheter en ligne en téléchargement ou en streaming.

Exemple :
Awesome Babies a sorti un *Digital Single* ! Il faut que l'on le télécharge tout de suite.

Dispatch

La CIA du show-biz en Corée

Agence d'actualités créée en 2010 basée sur le net. Traite les potins des people après recueil approfondi d'informations comme la CIA. Agence ayant le plus d'influence dans le monde people en Corée, parfois critiquée pour leur paparazzisme (qui a toutefois comme rôle positif de découvrir la vérité).

Exemple :
Tony : Oh ! Jaeho est dans **Dispatch** !
Micky : Ce n'est pas bon signe...

도촬 Do Chwal [do-chwal]

Photographier/filmer sans consentement

Contraction de "**Do** Duk 도둑 voleur" et "**Chwal** Yeong 촬영 photographier/filmer". Désigne le fait de photographier/filmer sans consentement ou permission. Beaucoup de K-Pop Idols subissent des dommages à cause de Do Chwal de Sa Seng Fan ou des paparazzis.

Exemple :
Mina : A Ju SShi ! Vous venez de me Do Chwal là ?
L'homme : Non, j'étais en train d'envoyer un message ! Je n'ai même pas de caméra sur mon téléphone.
Mina : Mais si vous en aviez une vous auriez **Do Chwal**, non ?
L'homme : Ça me rend fou...

돌 Dol

"Idol" ("idole" en français)

Forme raccourcie de "**Idol**", ajoutée après un nom commun pour désigner un talent particulier. Par exemple : "Geun Yook **Dol** 근육돌 muscle dol" pour un corps musclé, "Yeon Gi **Dol** 연기돌 jeu d'acteur dol" pour un bon acteur, etc.

Exemple :
Taekyo a un super corps parce qu'il a fait beaucoup de sport. C'est un Geun Yook **Dol**.

돌직구 Dol Jik Goo [dol-jik-gu]

Commentaire/question trop franc/franche

Mot composé de "**Dol 돌** pierre" (Note : différent du mot Dol 돌 "Idol" vu précédemment) et de "**Jik Goo 직구** balle directe". Vient du baseball "balle directe, rapide et puissante", qualifie une question ou un commentaire exprimée de manière directe sans détour pouvant embarrasser l'autre.

Exemple :
Le petit : Mamie, pourquoi maman est si moche ?
La grand-mère : Les enfants ne mentent pas…
Le père : Oh le *Dol Jik Goo*…
La mère : ...

돌싱 Dol Sing [dol-sing]

Personne récemment divorcée

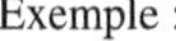

Contraction de "**Dol A On 돌아온** retourné" et de "**Sing**le célibataire", désigne une personne récemment divorcée donc redevenue célibataire. Désigne également un Idol d'un groupe qui fait un come-back seul.

Exemple :
Julian : Waouh, c'est qui cette femme ?
Henry : Ah, c'est Yona qui vient des États-Unis.
Julian : Elle a quelqu'un ?
Henry : Je ne sais pas, il paraît qu'elle est *Dol Sing* fraîchement divorcée.

동안 Dong An [dong-an]

Visage paraissant plus jeune que l'âge réel

Mot composé des caractères chinois "**Dong 동 童**" signifiant "enfant" et "**An 안 顔**" signifiant "visage". Ce que toute personne veut entendre indépendamment de son âge ou de son ethnie.

Exemple :
Wonjoo est dans sa trentaine mais elle a un visage d'ado. Elle est vraiment *Dong An.*

동생 Dong Saeng [dong-saeng]

Frère/sœur plus jeune

Désigne un frère ou une sœur plus jeune dans sa famille, mais terme utilisé aussi pour appeler un proche plus jeune à la place d'un prénom.

Exemple :
Bohye est plus jeune que moi mais elle est plus mature alors j'ai l'impression d'être la *Dong Saeng*.

Drama Queen

Femme réagissant de manière excessive pour des petites choses

Amie que l'on a tous dans son entourage, personnage rendant les choses plus compliquées qu'elles ne le sont en exagérant leur réaction. Expression applicable aux hommes également.

Exemple :
Nina : Bianca ! Il paraît que le mec ne t'a même pas offert le dessert ? Comment c'est possible ? Il est fou ?
Bianca : Euh… Moi ça ne me fait rien…
Nina : N'importe quoi ! Largue-le !
Bianca : Pitié arrête de faire ta *Drama Queen* !

Dream Concert

Le plus grand évènement annuel de la K-Pop

Grand évènement annuel de K-Pop qui a lieu en Corée. Concert groupé de charité organisé par la Korea Entertainment Producers Association, avec jusqu'à 32 équipes artistes. Présente un nouveau slogan chaque année comme "Viva Korea" ou encore "Courage la Corée".

Exemple :
Il y aura tous les chanteurs populaires du Top 10 au *Dream Concert* de cette année.

드립 Drip   [dǔ-rip]

Parole improvisée

Vient du terme "adlib" du monde de la diffusion, désigne l'impro dans les sitcoms ou les dramas. Dans la vie quotidienne, terme désignant "parole improvisée". Peut être utilisé pour un sens positif ou négatif.

Exemple :
Yena : Ah ! Je n'ai plus de sou, mince !
Robert : T'inquiète ! Je te donnerai 1 milliard, faut juste attendre 10 ans !
Yena : C'est supposé être un *Drip* ça… Ce n'est pas drôle…

덕후 Duk Hoo   [dǒk-hǔ]

Personne à fond sur une culture ou quelque chose de manière fanatique

Vient du mot japonais "Otaku 오타쿠" désignant une personne qui ne s'attache qu'à une seule chose. Désigne l'état d'une personne tellement à fond sur quelque chose de manière fanatique qu'il ferait l'objet de moqueries.

Exemple :
Kong : Eh mon pote, qu'est-ce que tu fais ?
Neal : Je suis en rencard avec Yumi.
Kong : Euh.... Mais c'est une poupée…
Kong : T'es dur envers l'amour de ma vie !
Neal : T'es vraiment un incorrigible Yumi *Duk Hoo.*

뒷북 Dwit Book   [dwit-buk]

Réaction en retard d'une mesure

Mot composé de "**Dwit** 뒷 arrière/derrière" et de "**Book** 북 tambour". Signifie "ne pas être capable de suivre le rythme" et de "taper sur le tambour en retard", désigne donc une personne (ou un comportement) plus lente que la normale et qui a une mauvaise capacité de compréhension.

Exemple :
Kiho : Waouh ! Dae Bak ! Il paraît que Gangnam Style fait un tabac dans le monde entier !
Youngsoo : C'est quoi ce *Dwit Book* ? T'es con, on est en 2016, ça fait déjà 4 ans...

에바 E Ba [e-ba]

Réaction en trop

Mot utilisé par les adolescents venant du mélange de "Error 에러 erreur" et de "Over 오바 par-dessus". Désigne une réaction inutilement excessive.

Exemple :
Reina : Mon Dieu ! Je pense que les BTB Oppas m'aiment !
Joey : Pourquoi ça ?
Reina : J'ai eu un autographe avec un cœur !
Joey : Ne fais pas *E Ba*. Tous mes potes ont eu un cœur aussi.

엑박 Ek Bak [ek-bak]

Image introuvable

Mot composé de l'anglais "Eks 엑스 ("X")" et "Bak Seu 박스 box", une boîte avec une croix (un X) qui s'affiche lorsqu'il y a une erreur sur une page internet où les fichiers images n'apparaissent pas.

Exemple :
Comme je n'ai pas payé la facture internet, je n'ai que des *Ek Bak* sur mon écran.

어부바 Eo Boo Ba [ŏ-bu-ba]

Se faire porter sur le dos

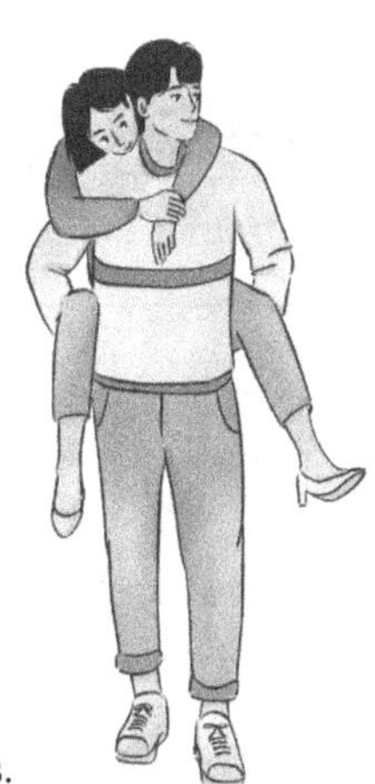

Dans les clichés de K-Drama, utilisé dans les scènes où l'héroïne complètement ivre se fait porter sur le dos du héros et lui déclare inconsciemment son amour.

Exemple :
Eunice était bourrée du coup je l'ai *Eo Boo Ba* et elle a vomi sur mon dos. Ah… Ça tient chaud...

어장관리 Eo Jang Gwan Ri [ŏ-jang-gwan-li]

Se comporter comme un couple alors que l'on ne l'est pas

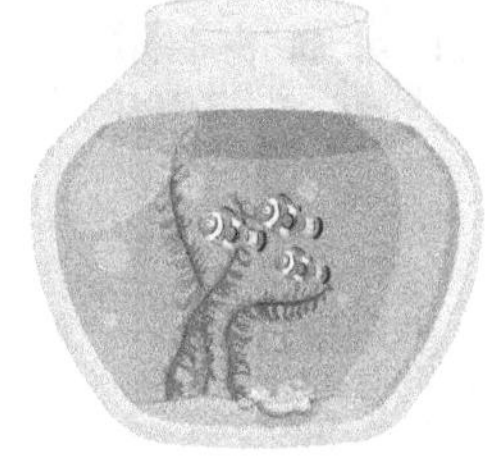

Mot composé de "**Eo Jang 어장** lieu de pêche" et de "**Gwan Ri 관리** entretien". Désigne le fait de maintenir des relations avec des personnes du sexe opposé de son entourage comme si l'on entretenait les poissons d'un lieu de pêche. La caractéristique est de laisser l'autre dans l'incertitude en lui faisant croire que l'on va finir par se mettre en couple avec alors que non.

Exemple :
Il me contacte tous les jours mais il ne propose pas de nous voir… Quel con, si ça se trouve il fait *Eo Jang Gwan Ri* ?

어머니 Eo Meo Ni / O Mo Ni [ŏ-mŏ-ni]

Terme mélioratif pour désigner une maman" ("mère" en français)

Utilisé également pour appeler sa belle-mère.

Exemple :
Jenny : Je suis nerveuse parce qu'*O Mo Ni* va venir.
Soya : Ta *O Mo Ni* ?
Jenny : Non, ma belle-mère.

언플 Eon Peul [ŏn-pŭl]

Manipulation de la presse

Mot composé de "**Eno** Ron **언론** média" et de l'anglais "**Play 플레이** jouer". La création et l'entretien par les entreprises du show-biz (maisons de disque, agences de gestion de talents, etc.) de l'image de leur artiste en fournissant stratégiquement aux médias de la matière à ragot ou à article.

Exemple :
Il y a eu au moins 15 articles sur Miryo aujourd'hui. Oh là là, c'est grave tout cet *Eon Peul*.

어서 오세요 Eo Seo O Se Yo [ŏ-sŏ o-se-yo]

"Bienvenue" (littéralement "venez vite", synonyme de "Je vous souhaite la bienvenue")

Expression utilisée pour souhaiter la bienvenue à un invité ou pour montrer la joie de se retrouver.

Exemple :
"*Eo Seo O Se Yo* !" cria joyeusement le propriétaire du restaurant.

의리 Eui Ri [ŭi-ri]

La loyauté

Mot désignant l'amitié et la loyauté entre les personnes (surtout les hommes). Il s'agit de la marque de fabrique de l'acteur Kim Bo Seong 김보성, un "homme d'**Eui Ri**", car il utilisait ce mot n'importe quand n'importe où. C'est ensuite devenu un mot à la mode depuis sa publicité de boisson ayant comme Concept "**Eui Ri**". Indépendamment du sens lexical, mot également utilisé pour exprimer son accord.

Exemple :
Bo : A Ssa ! J'ai fini mes devoirs ! *Eui Ri* !
James : Bravo ! On va se boire une bière ?
Bo : Une bière ? *Eui Ri* ! Allons-y !

음악 Eum Ak [ŭm-ak]

Musique

Mot composé des caractères chinois "**Eum** 음 音" signifiant "son" et "**Ak** 악 樂" signifiant "apprécier" et "chant".

Exemple :
Quel *Eum Ak* aimez-vous le plus ?

응원 Eung Won [ŭng-wŏn]

Encouragement

Dans le monde de la K-Pop, une sorte d'acte d'encouragement/soutien d'une célébrité connu sous le nom de "Fan Chants". L'action de montrer son soutien en utilisant par exemple des bâtons gonflables ou des bâtons lumineux pendant un spectacle du chanteur.

Exemple :
T'as pris les bâtons lumineux ? C'est *Eung Won* time !

Eye Smile

Sourire des yeux

Avoir les yeux en forme de demi-lune quand on sourit, ce qui en fait un autre sourire à part entière. Symbole d'Ae Gyo également.

Exemple :
L'*Eye Smile* de Nina peut séduire n'importe quel homme.

Fan Boy/Fan Girl

Un fervent fan

Fan passionné soutenant et aimant tout ce que fait l'Idol qu'il aime.

Exemple :
CD, casquette, T-shirt, …
Vu que j'ai tout ce qui a un rapport avec 5 Men, je suis un vrai *Fan Girl* !

Fan Cam

Vidéo filmée directement par un fan

Vidéo filmée par un fan lui-même à un concert ou à un évènement et non par un professionnel comme un paparazzi ou un journaliste. Certains Sa Seng Fans posent problème car ils ont des comportements limites comme s'infiltrer au logement des Idols pour filmer leur vie privée.

Exemple :
Parfois les vidéos filmées par *Fan Cam* font plus réelles.

Fan Chant

Phrase criée pendant un spectacle comme signe d'encouragement

Phrase criée par les fans pendant les brefs moments où le chanteur ne chante pas (partie instrumentale), par exemple le nom du chanteur ou du groupe.

Exemple :
"BTS ! BTS ! One and Only BTS !", le fan-club cria le *Fan Chant*.

Fan Club

Club entre les fans ("fan-club" en français mais les fans de K-Pop anglophones utilisent l'orthographe "Fan Club")

Club créé par des personnes qui aiment la même célébrité et exprimant leur affection à travers diverses activités. En général, chaque club a son nom, une signification, une couleur, un Fan Club rival.

Exemple :
Le *Fan Club* de notre Oppa est bien meilleur que le *Fan Club* de ton Oppa !

Fan Fiction

Roman écrit par un fan où figure son Idol préféré

Roman rédigé par un fan lui-même où figure son Idol dans une mise en scène fictive, dans lequel il a des relations amoureuses.

Exemple :
Kayla a écrit un *Fan Fiction* où apparaît l'Oppa qu'elle aime. Bien sûr l'héroïne c'est elle-même.

Fan Service

Un geste particulier pour amuser les fans

Désigne un service fourni aux fans de manière volontaire ou sur la demande de quelqu'un, comme par exemple faire Ae Gyo ou chanter une chanson en particulier.

Exemple :
Seho qui prend souvent des photos avec les fans et qui donne beaucoup d'autographes est connu pour son super *Fan Service*.

Fansub

Sous-titres traduits par les fans dans leur langue

Sous-titres de films, dramas, chansons, etc. en langue étrangère traduits directement par les fans dans leur langue. Le succès international de la K-Pop et du K-Drama a été possible grâce à leurs efforts. Il s'agit de volontariat non rémunéré venant de la passion désintéressée des fans. Il arrive souvent que la qualité soit meilleure que celle d'un traducteur officiel car les fans connaissent très bien la K-Pop et le K-Drama.

Exemple :
Hier il y a eu un nouvel épisode de Drama en Corée, et il y a déjà le *Fansub* en français ! Les fans français sont les meilleurs !

Fan Wars

Guerres entre les fan-clubs

Dispute entre les fan-clubs qui se jalousent ou qui se détestent. Parfois suffisamment violente pour rappeler vraiment la guerre. Il arrive de déranger/interrompre les concerts du groupe rival avec un Black Ocean, etc.

Exemple :
Hul ! Ils ont fait un Black Ocean pendant le concert de notre Oppa !
C'est la *Fan War* !

Fandom

Communauté de fans

Désigne la communauté de fans réunis par un centre d'intérêt commun et leur passion, qui développent une affinité par le biais d'Idol, groupe, émission TV, film, livre, etc.

Exemple :
Comme tous les Idols jouent dans le drama "I Love You, You Love Me", il a un énorme *Fandom*.

Fashionista

Personne ayant le sens du style

Désigne les personnes ayant un excellent sens du style comme GD de Big Bang. L'antonyme est "fashion terrorist".

Exemple :
Notre Oppa a un tel sens du style qu'il pourrait être un modèle !
C'est un vrai *Fashionista* !

Feels

Sentiment fort et grand

Sentiment écrasant qui coule soudainement à flots. Se manifeste par des symptômes tels que des cris ou des larmes. Ce sentiment difficile à décrire avec des mots apparaît quand on voit un Idol que l'on aime ou quand on regarde un Drama ou un film dans lequel on s'identifie.

Exemple :
Quand j'écoute la chanson de notre Oppa j'ai vraiment un flot de *Feels*.

화이팅 Fighting/Hwaiting [hwa-i-ting]

"Courage !"

Mot crié pour motiver l'unité et susciter l'esprit de compétition. Souvent utilisé dans les matchs de sport, a pour effet d'augmenter son assurance quand on se le dit à soi-même. Il s'agit de Konglish que les anglophones ne comprennent pas.

Exemple :
Eh ! Le match commence ! *Fighting* la Corée !
Oui, je peux le faire. *Hwaiting* !

Finger Heart

Geste de la main symbolisant l'amour

Le geste de former un petit cœur en croisant le pouce et l'index. Il n'y a pas d'historique sûr à 100% sur la personne qui l'aurait inventé, mais on pense que cela a commencé en Corée et le geste est donc appelé **Korean Finger Heart**. Dans certains pays, il est confondu avec le geste pour compter l'argent.

Exemple :
Je pensais que mamie allait me donner de l'argent de poche, mais en fait elle a fait un *Finger Heart*.

꽃미남 / Kkot Mi Nam / Flower Boy

Jeune homme d'une grande beauté [kkot-mi-nam]

Mot composé du mot "**Kkot 꽃**" signifiant "fleur" et "**Mi Nam 미남**" signifiant "bel homme". Désigne un jeune homme qui possède une grande beauté qui égale une jolie fleur. Les fans de K-Pop anglophones utilisent l'expression de traduction littérale **Flower Boy**.

Exemple :
Comment un homme peut-il être si beau ?
Taeyong est vraiment un Flower Boy. En Corée *Kkot Mi Nam* !

가지마 Ga Ji Ma [ga-ji-ma]

"Faire revenir un cœur" ("ne t'en va pas" en français)

Réplique de drama qui sort dans les moments les plus tragiques. Mot lâché pour essayer de faire revenir le cœur fermé qui est sur le point de s'en aller. Mot magique qui sauve les couples au bord de la rupture après une violente dispute.

Exemple :
La copine : Adieu. On a passé un bon moment. Porte-toi bien.
Le copain : *Ga Ji Ma* !
La copine : Ça ne sert à rien de me retenir.
Le copain : Non ce n'est pas ça, donne-moi 10 000 wons. Je n'ai rien pour payer le taxi.

갑 / 을 Gab / Eul [gab / ŭl]

Le fort/le faible

Relation de pouvoir/autorité dans les contrats ou les structures sociales : **Gab 갑** désigne la personne dans la position avantageuse et qui a le plus de pouvoir (ex. l'acheteur) ; **Eul 을** désigne le faible qui doit répondre à la demande du Gab (ex. le vendeur).

Exemple :
Dans la plupart des contrats, la société est désignée *Gab* et l'employé est désigné *Eul*.

개취 Gae Chwi [gae-chwi]

Goûts personnels

Contraction de "**Gae** In 개인 individu, personnel" et de "**Chwi** Hyang 취향 goût, préférence". Désigne le fait d'être fasciné par une chose perçue par les autres comme étant peu commune.

Exemple :
Jenny : J'adore manger des avocats enroulés dans du kimchi.
Mark : Berk !
Jenny : Eh, un peu de respect pour *Gae Chwi* ?

개이득 Gae I Deuk [gae-i-dŭk]

Un grand bénéfice, gain

Mot composé de "**Gae** 개 (langage vulgaire pour accentuer ou insister, équivalent de "putain de", jamais utilisé devant des personnes plus âgées ou des évènements publics)" marquant l'accentuation et de "**I Deuk** 이득 bénéfice, gain". Expression utilisée pour désigner un bénéfice ou un gain inattendu.

Exemple :
Comme je l'ai acheté à 200 $ et que je l'ai revendu à 500 $, c'est un *Gae I Deuk* !

Goods

Marchandise en lien avec un Idol

Mot venant de l'anglais "**Goods** 굿즈" signifiant "marchandise/produit". Il s'agit de marchandises produites par une maison de disque pour promouvoir leur groupe. En utilisant le logo, le nom, les photos, etc. du groupe, on peut produire diverses choses comme des T-shirts, des chaussettes, des calendriers, des albums photos, etc. Produits vendus à des prix élevés pour les éditions limitées ou les produits contenant un autographe. "Fan Merchandise" en anglais.

Exemple :
J'ai regardé mes comptes, l'année dernière, 90% de mes dépenses étaient pour acheter les *Goods* des Oppas.

Gifticon

Carte cadeau/bon d'achat pouvant être offert via un smartphone.

Mot composé de l'anglais "**Gift 기프트** cadeau" et "Emo**ticon** 이모티콘 émoji". On peut les offrir et les recevoir via des applications de messagerie sur smartphone comme Kakao Talk. En Corée, les bons d'échange de café Starbucks sont les plus populaires.

Exemple :
Joyeux anniversaire ! Je t'envoie 10 *Gifticons* Starbucks !

갠소 Gaen So [gaen-so]

Conserver de manière privée

Mot composé de "**Gae** In **개인** privé" et "**So** Jang **소장** conservation". Devrait normalement s'écrire "Gae So" mais les adolescents disent Gaen So. Désigne le fait de conserver sans l'intention de partager.

Exemple :
(Tony trouve une photo sexy d'une Idol sur internet)
Tony : Oh… Ça c'est pour *Gaen So*.

감 Gam [gam]

Sensation/impression

Une impression ou une prévision difficile à expliquer mais qui se réalise de manière surprenante. Beaucoup de gens pensent que c'est dû à une expérience vécue dans le passé ou à un souvenir, ou encore à une autre explication surnaturelle (comme un ange-gardien).

Exemple :
Si mon *Gam* ne se trompe pas, le Dae Sang de cette année est pour nos Oppas !

감독 Gam Dok   [gam-dok]

La personne en charge (un entraîneur pour un sport, un réalisateur pour un film)

Désigne la personne qui prend en charge et qui conduit la production pour une émission TV ou un film, ou encore la supervision pour une équipe sportive,

Exemple :
Le film "K-Pop Legends" est la première œuvre de Bae Ji Ho en tant que *Gam Dok*.

강추 Gang Choo   [gang-chu]

Fortement recommandé

Contraction de "**Gang** Ryeok 강력 fort" et de "**Choo** Cheon 추천 recommandation". Si un Idol que l'on aime qualifie un produit avec ce terme, un Fanboy/Fangirl va ouvrir son portefeuille sans condition.

Exemple :
Il faut acheter ce que nos Oppas font *Gang Choo* sans condition !

강남 Gang Nam   [gang-nam]

Quartier riche de Séoul

Le sens lexical signifie "le sud du fleuve" (le fleuve étant ici le "Han Gang" qui traverse le centre de Séoul). Désigne généralement "les 3 arrondissements de **Gang Nam**" c'est-à-dire "Seocho-gu 서초구, Gangnam-gu 강남구 et Songpa-gu 송파구". Quartier caractérisé par ses résidents qui possèdent des voitures étrangères de luxe, des revenus élevés et un intérêt particulier pour l'éducation. Peut être comparé aux Beverly Hills des États-Unis ou Ginza du Japon.

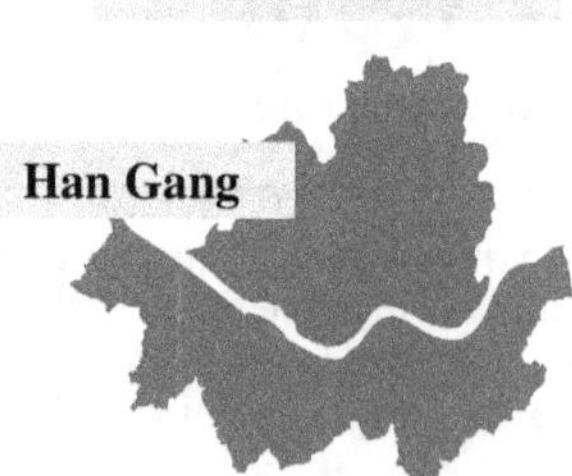

Exemple :
Est-ce que l'on se soûle à Hong Dae à petit prix ou à *Gang Nam* au grand luxe ?

강남스타일 Gang Nam Style

La chanson à succès international de Psy

La principale chanson de Psy qui a reçu un succès international en 2012. Sa chorégraphie, la danse du cheval, est aussi populaire que la chanson. Le clip a été un moment la vidéo la plus regardée dans l'histoire de YouTube. De plus, la chanson contient "le mode de vie des gens de Gang Nam", c'est-à-dire une vie riche et libre, pleine de soirées.

Exemple :
Il n'y pas eu de chanson K-Pop avec autant d'impact que *Gang Nam Style*, si ?

간지 Gan Ji [gan-ji]

Avoir du goût (pour la mode)","chic

Mot venant du japonais "感じ" désignant la sensation et l'impression, contient un sens similaire à l'expression anglaise "SWAG" utilisée le plus souvent dans le monde du hip-hop. Mot employé également pour exprimer l'admiration et l'émerveillement.

Exemple :
Tim : Des lunettes de soleil Gucci, un tailleur Armani, des baskets Prada…
Plus 50 points de *Gan Ji* !
Bo : Waouh ! Quel *Gan Ji* ! Et moins 5 000 000 wons pour ton compte en banque !

가온차트 Gaon Chart

Classement musical officiel

Le seul classement (des meilleures ventes d'albums) musical officiel certifié par Korea Creative Content Agency (KOCCA). Classement très fiable du fait qu'il ne prend pas en compte l'achat en gros ou le téléchargement massif pour monter de manière artificielle dans le classement.

Exemple :
Color Pop est classé premier sur *Gaon Chart* ! Waouh, c'est énorme !

가사 Ga Sa [ga-sa]
Paroles

L'un des éléments essentiels d'une bonne chanson, il y a
beaucoup de cas où même si la chanson n'est pas exceptionnelle
elle devient populaire grâce à ses **Ga Sa** peu communs.

Exemple :
Angel chante bien mais surtout elle écrit ses *Ga Sas* elle-même du coup c'est plus persuasif.

가싶남 Ga Ship Nam [ga-ship-nam]
Un homme désirable

Contraction de "**Ga** Ji Go **Ship** Eun 가지고 싶은 donnant envie de posséder" et de
"**Nam** Ja 남자 homme". Également l'objet de fantasme de Fanboy/Fangirl. Attention à
ne pas devenir le **Ga Ship Nam** d'un Sa Seng Fan ce qui peut être très problématique.

Exemple :
J'ai envie d'avoir mon Oppa pour Noël !
Ah, mon *Ga Ship Nam* !

가요 Ga Yo [ga-yo]
Pop coréenne

Le sens lexical est "la pop", mais le terme désigne également
toute sorte de musique populaire comme la musique de danse
K-Pop, le Trot, la Ballad, etc.

Exemple :
Mon genre de *Ga Yo* préféré est la Ballad.

가요대전 Ga Yo Dae Jeon [ga-yo-dae-jŏn]

Festival de K-Pop qui a lieu en fin d'année

Festival de K-Pop organisé par SBS. Auparavant, ce festival donnait des prix aux chanteurs, mais maintenant il est modifié en un concert dont tout le monde peut profiter.

Exemple :
Ah, c'est déjà la fin de l'année. Je suis triste de prendre un an de plus mais je suis contente de voir mes Oppas au *Ga Yo Dae Jeon*.

개인기 Gae In Gi [gae-in-gi]

Talent particulier qu'un individu possède

Mot composé de "**Gae In 개인** individu" et de "**Gi 기** talent/don". Ce que présentent les participants dans les émissions TV coréennes comme une imitation vocale, l'imitation d'un chant, le beatboxing, la danse, etc. sont des **Gae In Gis**.

Exemple :
Rosario : Ah ! Mon copain m'a pété au visage hier !
Mina : Super *Gae In Gi* !

거짓말 Geo Jit Mal [gŏ-jit-mal]

Mensonge

La cause de tout malentendu et suspicion. La cause fondamentale des relations humaines compliquées comme les triangles amoureux.

Exemple :
Comment ça t'étais jolie même enfant ? *Geo Jit Mal* ! J'ai vu des photos de toi enfant.

금수저 Geum Soo Jeo [gŭm-su-jŏ]

Personne née dans une famille aisée

Mot composé de "**Geum 금** or" et de "**Soo Jeo 수저** couvert". Désigne une personne née dans une famille aisée et qui bénéficie de tout type de privilèges durant sa vie. Terme souvent employé pour parler des inégalités entre les classes sociales. Contraire de Heuk Soo Jeo.

Exemple :
Layla : Ah, j'ai tellement envie de la frapper celle-là !
Sam : Hm, il vaut mieux ne pas le faire.
Layla : Pourquoi ?
Sam : Il paraît que c'est une *Geum Soo Jeo* qui a plein de relations !
Layla : Ah bon ? Bon je laisse couler alors pour cette fois-ci.

급 Geup [gŭp]

Soudain

Préfixe signifiant "soudain", est utilisé devant un nom pour exprimer la tension.

Exemple :
Le garçon : Prends ta valise ! On va à Hawaï aujourd'hui !
La fille : Hul ! *Geup* voyage !

GG

Capitulation

Terme utilisé dans les jeux en ligne, initiales de "Good Game" que l'on disait à la fin d'une partie pour se saluer. Quand on a des signes sûrs de défaite, dire **GG** signifie capituler ou accepter sa défaite.

Exemple :
La copine : Dis-moi franchement ! Pourquoi t'avais ton portable éteint hier ? Qu'est-ce que tu faisais ? Tu veux crever ?
Le copain : *GG*…

기사 Gi Sa [gi-sa]

Article de jounaux/des infos

Peut être un poison ou un remède pour une célébrité. Un **Gi Sa** rédigé par un journaliste malintentionné peut rendre une célébrité méchante du jour au lendemain, et au contraire un **Gi Sa** écrit par un journaliste bienveillant peut faire d'un artiste anonyme une célébrité d'un bond du jour au lendemain.

Exemple :
T'as vu le *Gi Sa* ? Ils sortaient vraiment ensemble !

GIFs

Courte vidéo qui bouge

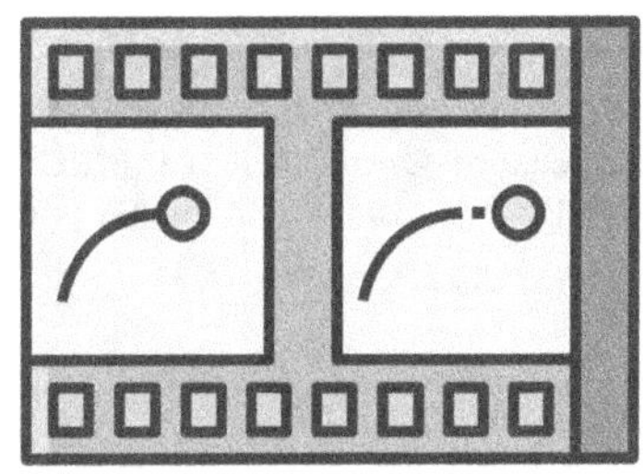

Une vidéo raccourcie. La plupart du temps un aspect drôle ou une danse sexy d'un Idol. Ces fichiers sont appelés GIF car ce sont des fichiers de type **G**raphics **I**nterchange **F**ormat.

Exemple :
Je m'ennuie, est-ce qu'il n'y aurait pas des *GIFs* drôles quelque part ?

긴장 Gin Jang [gin-jang]

Tension

État nerveux à cause de l'impatience, l'excitation, l'inquiétude.

Exemple :
Ha… Je verrai Oppa en personne demain à la séance de dédicaces… Je suis *Gin Jang*.

Girl Crush

Phénomène où une femme tombe sous le charme d'une célébrité féminine

Désigne l'admiration qu'éprouve une femme envers une célébrité féminine qui a l'image idéale qu'elle souhaiterait avoir. Notion différente de l'homosexualité.

Exemple :
Unnie ! T'es trop sexy ! T'es vraiment une *Girl Crush* !

고소미 Go So Mi [go-so-m]

Porter plainte/dénoncer

Il s'agit du nom d'une marque de biscuit coréenne, utilisé par les jeunes pour plaisanter car le début du nom de la marque est identique à "**Go So 고소**" dans "porter plainte/dénoncer".

Exemple :
Micky : Mdr j'ai mis un Akpeul à sa photo.
Vince : Attention. Tu risques de te manger un *Go So Mi*.
Micky : Le biscuit ? J'adore les *Go So Mis* !
Vince : Pas les biscuits, tu vas te prendre une plainte !

고구마 Go Goo Ma [go-gu-ma]

Chose/personne étouffante

Désigne une personne (ou une situation) qui ne comprend rien ou qui n'a aucune perspicacité, pour dire qu'elle nous étouffe comme la suffocation que l'on ressent quand on mange des patates douces sans boisson.

Exemple :
Dans le drama que je regarde ces temps-ci, ça fait plus de 2 mois déjà que le héros n'est pas capable de dire "je t'aime". Ah ! C'est trop frustrant, tellement *Go Goo Ma.*

Golden Disk Awards

Prestigieuse cérémonie de remise de prix annuelle

Évènement annuel prestigieux créé en 1986 par Recording Industry Association of Korea. Récompense ceux qui ont laissé des œuvres remarquables dans l'industrie de la musique durant l'année.

Exemple :
Nos Oppas ont fait 3 All-Kills cette année, ce n'est pas possible qu'ils n'aient pas le premier prix aux *Golden Disk Awards.*

고마워 Go Ma Wo [go-ma-wǒ]

Expression de remerciement sans formalisme

Expression pour présenter ses remerciements sans formalisme entre amis. Quand on ajoute "Yo 요" à la fin, le registre devient semi-soutenu.

Exemple :
Fan : Oppa ! Parce que vous êtes notre Idol : *Go Ma Wo Yo* !
Oppa : Moi aussi *Go Ma Wo* !

공식/비공식 Gong Sik/Bi Gong Sik

Officiel/non officiel [gong-shik/bi-gong-shik]

Terme utilisé pour distinguer si quelque chose est certifiée ou non par un organisme qui a une crédibilité publique (comme une agence).

Exemple :
Monica : Waouh ! Je viens juste de gagner des tickets de concert !
Hyeri : Vraiment ? Où ça ?
Monica : Hum… Sur Fanclubs.com.
Hyeri : Eh, ce n'est pas un site *Gong Sik* de fan-club C'est peut-être un site *Bi Gong Sik*, fais attention !

공홈 Gong Home   [gong-hom]
Site officiel

Contraction de "**Gong** Sik **공식** officiel" et "**Home** Page **홈페이지**
page d'accueil". La vérité sur les nouvelles ou les rumeurs relatives
aux Idols peut être vérifiée sur le *Gong Home*.

Exemple :
Rabab : A Ssa ! Hexo va faire son come-back !
Jihoon : Arrête de mytho ! Qui a dit ça ?
Rabab : Je l'ai vu sur le *Gong Home* !
Jihoon : Hul… Alors c'est vrai.

공연 Gong Yeon   [gong-yŏn]
Spectacle

Un évènement comme un concert, une comédie musicale, etc.
où l'on peut voir la performance d'un chanteur ou d'un acteur.
Se divise en spectacles payants (Dream Concert, etc.) et non
payants (Guerilla Concert, Street Busking).

Exemple :
Je vais voir le *Gong Yeon* de notre Oppa demain !
Je suis toute excitée !

군대 Goon Dae   [gun-dae]
L'armée

Lieu où vont tous les hommes coréens de plus de 20 ans par
devoir. La durée du service militaire est de 21 mois pour
l'armée de terre et de 23 mois pour la Marine et l'armée de
l'air. Durant leur service à l'armée, les Idols ne peuvent pas
avoir une activité lucrative comme apparaître dans une
émission TV ou faire un concert.

Exemple :
Je suis trop triste, Oppa va au *Goon Dae* :'(On ne pourra pas le voir
pendant 2 ans...

군대리아 Goon Dae Ria [gun-dae-ri-a]

Hamburger servi à l'armée

Mot composé de "**Goon Dae 군대** armée" et du nom "Lott**eria 롯데리아**" qui est une chaîne franchisée d'hamburgers en Corée, désigne le hamburger servi à l'armée qui a la mauvaise réputation d'avoir une composition médiocre. Sujet de discussion dont les hommes ne peuvent pas se passer quand ils parlent de la vie à l'armée.

Exemple :
Waouh. Comment ça peut être si mauvais… C'est même moins bon que *Goon Dae Ria.*

궁예 Goong Ye [gung-ye]

L'art de lire dans la pensée

Expression venant de "**Gung Ye**", un personnage du drama historique à succès "Tae Jo Wang Geon **태조왕건**", qui dit pouvoir lire dans la pensée des autres. Expression utilisée pour désigner une personne qui se préoccupe de plein de choses et qui prétend tout savoir.

Exemple :
La fille : Je sais tout. T'es tombé sous mon charme hein ?
Nick : Tu vas arrêter de te la jouer *Gung Ye* ? Je ne suis pas intéressé.

궁디팡팡 Goong Di Pang Pang

Complimenter [gung-di-pang-pang]

Mot composé du patois "**Gung Di 궁디**" signifiant "les fesses" et de l'onomatopée "**Pang Pang 팡팡**" imitant le son quand on tapote les fesses, désigne l'action de tapoter doucement les fesses en signe de compliment.

Exemple :
Yuri : Maman j'ai eu 20 sur 20 à un contrôle aujourd'hui !
La mère : Bravo ! Viens là que je te fasse *Gung Di Pang Pang* !

고수 Go Su [go-su]

Personne ayant une compétence extraordinaire dans un domaine

Mot utilisé par des gamers coréens en ligne dont l'emploi s'est répandu car les étrangers l'ont utilisé tel quel. Contraire de Cho Bo.

Exemple :
Hyorim qui a une ceinture noire est *Go Su* de taekwondo.

Guerilla Concert

Concert inopiné sans annonce préalable

Mot venant du programme "Il Yo Il Il Yo Il Bam E 일요일 일요일 밤에 Dimanche, dimanche soir" diffusé avec succès sur MBC. Un chanteur ayant pour mission spéciale de donner un concert inopiné sans annonce préalable doit parcourir les rues et le promouvoir, le concert peut avoir lieu seulement s'il arrive à réunir plus de 5 000 spectateurs.

Exemple :
Charlie : J'ai vu AOB dans la rue à l'instant !
Jennifer : Dae Bak ! Ils font peut-être un *Guerilla Concert*.

관종 Gwan Jong [gwan-jong]

Attention whore

Contraction de "**Gwan** Shim 관심 attention" et de "**Jong** Ja 종자 race". Personne ayant un besoin constant d'attention et de reconnaissance. Dans les cas les plus graves, ces personnes publient des posts faux pour avoir des likes sur les réseaux sociaux.

Exemple :
Gyuri : Eh, t'as été à la soirée hier ? J'ai vu que t'as fait un check-in sur Facebook…
Wonmi : Non, lol. Je l'ai fait pour de faux juste pour avoir des likes.
Gyuri : Ah t'es une vraie *Gwan Jong*.

괜찮아 Gwen Cha Na [gwaen-cha-na]

"Ce n'est rien", "ça va"

Expression signifiant qu'il n'y a pas de problème. Quand un Idol fait une erreur sur scène à un spectacle, les fans crient ensemble **Gwen Cha Na** pour l'encourager.

Exemple :
Hoya : A I Goo ! J'ai mal parce que je suis tombée :'(
Min : *Gwen Cha Na* ?
Hyoa : J'ai super mal ! Tu penses que les Oppas ont vu ?
Min : Non je ne pense pas.
Hyoa : Dans ce cas *Gwen Cha Na* !

귀척 Gwi Cheok [gwi-chŏk]

Faire semblant d'être mignon/mignonne

Contraction de "**Gwi** Yeo Un 귀여운 mignon" et de "**Cheok** Ha Da 척 faire semblant". Désigne l'effort forcé pour paraître mignon/mignonne. Expression généralement utilisée chez les adolescents.

Exemple :
Sonya : Bbu Ing Bbu Ing ! Oppa, est-ce que tu me trouves mignonne ?
Adam : Arrête de *Gwi Cheok* ! T'as quel âge ?

귀차니즘 Gwi Cha Nism [gwi-cha-ni-jŭm]

État où l'on a envie de ne rien faire

Mot composé de "**Gwi Chan** Eum 귀찮음 embêtant" et du suffixe anglais "-ism". Désigne l'état où l'on a envie de ne rien faire.

Exemple :
FilLa mère : Fils, va au supermarché nous acheter des œufs.
Le fils : Je ne peux pas y aller maintenant, j'ai la flemme !
La mère : Encore *Gwi Cha Nism* ?

귀요미 Gwi Yo Mi [gwi-yo-mi]

Enfant adorable

Mot composé de "**Gwi Yeom 귀염** adorable" et de "**I 이**" signifiant "une personne". Désigne une personne mignonne et adorable. (Note : l'expression correcte serait "Gwi Yeom I 귀염이" mais elle s'écrit **Gwi Yo Mi** pour faciliter la prononciation.)

Exemple :
Oppa devait être un énorme *Gwi Yo Mi* quand il était bébé !

Hard Carry

Personne ayant montré la meilleure performance.

Mot composé de l'anglais "**Hard 하드**" et "**Carry 캐리**", signifiant "avancer en portant sur les épaules les coéquipiers dont le niveau est à la ramasse". Il s'agit donc en réalité de Konglish. Synonyme de MVP dans les sports.

Exemple :
Waouh… Zinédine Zidane a mis 4 buts tout seul… Il a *Hard Carry*.

해장 Hae Jang [hae-jang]

Apaiser sa gueule de bois

Désigne le fait de manger de la nourriture après avoir trop bu pour calmer le ventre. En Corée, on préfère manger des plats de type soupe.

Exemple :
Doug : Hic ! Je suis… Hic ! Encore… Hic ! Bourré…
Danny : Moi aussi ! Hic ! Viens on va *Hae Jang*.

핵 Haek [haek]

"Énorme".

Vient de "**Haek** Pok Tan **핵폭탄** bombe nucléaire" qui a une puissance massive. Ajouter "**Haek**" avant un mot rend la signification superlative. Comme par exemple : "**Haek** No Jaem **핵노잼** pas drôle du tout" ou "**Haek** Pi Gon **핵피곤** être super fatigué".

Exemple :
Ah le film d'hier c'était l'ennui-même. *Haek No Jaem*.

행쇼 Haeng Sho [haeng-sho]

Salut

Contraction de "**Haeng** Bok Ha Ship **Sho** **행복하십쇼** soyez heureux". Expression devenue populaire car G-Dragon l'utilisait. Dire "salut, porte-toi bien" comme on dit "peace out" pour "good bye" dans le hip-hop.

Exemple :
Mes chers fans, merci d'être venus aujourd'hui !
On se revoit bientôt ! *Haeng Sho* !

한류 Hallyu [hal-lyu]

Popularité de la culture coréenne

Contraction de "**Han** Guk **한국** Corée" et "**Lyu** **류** vague". Désigne la culture coréenne, plus particulièrement l'industrie du spectacle (K-Pop, Drama, émissions TV, films, etc.) qui est en train de gagner un succès international. (Note : devrait s'écrire Han Lyu mais s'écrit **Hallyu** pour faciliter la prononciation.)

Exemple :
Hallyu est mené par la K-Pop et le K-Drama.

한복 Han Bok [han-bok]
Vêtements traditionnels coréens

Vêtements traditionnels des coréens dont le charme est les couleurs vives et les lignes simples. Portés pendant les fêtes nationales comme Seollal 설날 ou Chu Seok 추석. Tous les vêtements portés par les personnages de Drama historique sont des **Han Boks**.

Exemple :
Quand je porte *Han Bok* et que je vais à l'étranger, tout le monde me dit que c'est joli, j'ai l'impression du coup d'être une Hallyu Star.

합격 Hap Gyuk [hap-gyŏk]
Admission

Le fait de réussir un entretien, un examen. Terme souvent employé dans les programmes de compétition comme les émissions d'audition.

Exemple :
Kimmy ! Comment s'est passé ton audition ? *Hap Gyuk* ?

Healing
Soigner ses sentiments

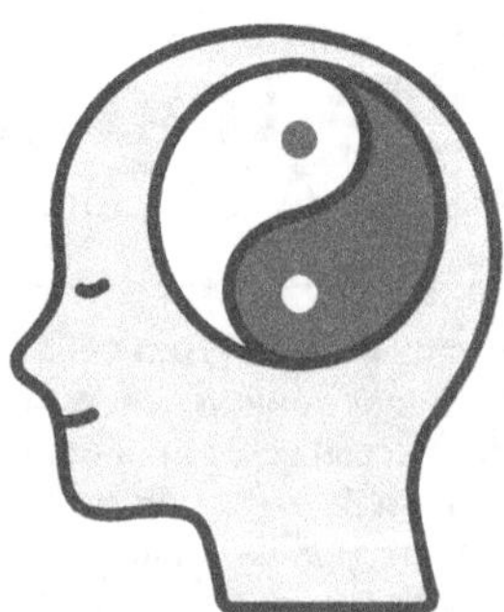

L'acte de son stress ou sa douleur (psychologiques). Est devenu populaire d'après l'émission "Healing Camp" de SBS, dans laquelle les invités parlaient de leur problème et les animateurs leur apportaient réconfort et encouragement.

Exemple :
Comment ça Oppa s'en va à l'armée ! Je suis trop triste, j'ai besoin de *Healing*.

허당 Heo Dang [hŏ-dang]
Médiocre contrairement à ce qu'il ne paraît

Désigne une personne qui paraît bien de l'extérieur mais qui en réalité est nulle.

Exemple :
Gyuho l'air intelligent, mais en réalité c'est complètement un *Heo Dang*. Il a 14 ans mais il ne connaît toujours pas l'alphabet en anglais.

허접 Heo Jeob [hŏ-jŏp]
Médiocre

Exprime la médiocrité d'une compétence ou d'une aptitude. Expression plus dégradante que Heo Dang.

Exemple :
John est super grand mais c'est un *Heo Jeob* de basketball.

허세 Heo Se [hŏ-se]
Suremballage

Désigne le fait de se vanter de sa fierté ou de son courage de manière excessive pour paraître beau ou pour émouvoir l'autre.

Exemple :
Mike : Chaussures Prada, tailleur Gucci, ça ne coûte pas si cher, je vais régler par carte de crédit.
L'employé : Monsieur, vous avez atteint la limite de votre carte.
Rachel : Tss… Tout ce *Heo Se* pour rien…

흑기사 Heuk Gi Sa [hŭk-gi-sa]

Un homme qui boit à la place d'une femme qui a perdu
à un jeu d'alcool

———————————————————

"Chevalier noir au secours d'une princesse en danger". Désigne
un homme qui boit à la place d'une femme lorsqu'elle perd à un
jeu d'alcool. En contrepartie, la femme doit lui réaliser un vœu.

Exemple :
Tout le monde : Sec ! Sec ! Sec ! Sec ! Sec !
Mary : Ah je n'en peux vraiment plus ! Est-ce que quelqu'un peut me faire *Heuk Gi Sa* ?

흑장미 Heuk Jang Mi [hŭk-jang-mi]

Une femme qui boit à la place d'un homme qui a
perdu à un jeu d'alcool

———————————————————

Signifie "rose noire", le contraire de Heuk Gi Sa.
En contrepartie, l'homme doit lui réaliser un vœu.

Exemple :
Minkyu : J'ai encore perdu !
Brianne : Si je te fais *Heuk Jang Mi* tu me fais un bisou ?
Minkyu : Plutôt boire moi-même et mourir.

흙수저 Heuk Soo Jeo [hŭk-su-jŏ]

Personne née dans une famille pauvre

———————————————————

Contraire de Geum Soo Jeo 금수저. Mot composé de "**Heuk 흙** terre"
et de "**Soo Jeo 수저** couvert". Désigne une personne née dans une
famille pauvre et qui ne bénéficie d'aucun traitement de faveur, qui
appartient à la classe sociale la plus basse.

Exemple :
Dennis : Tu fais quoi vendredi ?
Vince : Boulot, boulot, boulot !
Dennis : Eh, pourquoi tu ne fais que bosser comme ça ?
Vince : Un pauvre *Heuk Soo Jeo* comme moi, je ne peux vivre que si je travaille dur.

혼밥 / 혼술 Hon Bap / Hon Sool

Manger/boire tout seul　　　[hon-bap / hon-sul]

Mot composé de "**Hon** Ja 혼자 seul" et de "**Bap** 밥 repas / "**Sool** 술 alcool".
Il y a maintenant plus de gens qui préfèrent commander et manger seuls chez
eux en regardant YouTube ou Netflix à cause du COVID-19.

Exemple :
Ah ! Le Covid-19 se propage encore !
Je vais devoir encore faire *Hon Bap*.

후배 Hoo Bae [hu-bae]

Personne ayant rejoint un domaine tardivemen

Se décide selon sa classe scolaire à l'école et selon sa
date d'entrée en entreprise dans le monde du travail
(indépendamment de l'âge). Le contraire de Seon Bae.

Exemple :
Minki a 3 ans de plus que moi mais comme il est arrivé dans
l'équipe 2 ans plus tard, c'est mon *Hoo Bae*.

Hook Song

Chanson très addictive

De l'anglais "Hook" signifiant crochet", désigne une chanson qui
accroche comme un crochet et nous rend addicts avec des paroles
répétitives et une mélodie entêtante.

Exemple :
Waouh ! La mélodie ne me sort vraiment pas de la tête,
c'est une vraie *Hook Song*.

훈남/훈녀 Hoon Nam/ Hoon Nyeo

Un homme/une femme séduisant/séduisante [hun-nam/hun-nyŏ]

Contraction de "**Hoon** Hoon 훈훈 chaleureux" et de "**Nam** Ja 남자 homme / **Yeo** Ja 여자 femme". Désigne un homme/une femme qui n'a pas une beauté extraordinaire mais qui a un physique et un charme meilleurs que la moyenne. (Note : pour la forme contractée de yeo-ja 여자 on écrit **Nyeo** 녀. Par conséquent, on écrit bien Hoon Nyeo et non Hoon Yeo)

Exemple :
L'homme qui a porté les affaires de la mamie là-bas, il est beau en plus, c'est un vrai *Hoon Nam*, non ?

헐 Hul [hŏl]

Expression de la surprise/le fait d'être déconcerté", "mince", "oh là là

Mot qui sort lorsque l'on perd ses mots parce que l'on est surpris ou l'on se sent déconcerté.

Exemple :
Hul… J'ai raté l'avion…

Hunting

Séduire

Expression utilisée pour dire "chasser des hommes/femmes comme des proies". Désigne le fait d'obtenir un numéro de téléphone en vue d'un rencard.

Exemple :
Je vais aller en boîte aujourd'hui et faire *Hunting* !

현질 Hyeon Jil [hyŏn-jil]

Acheter des items d'un jeu en cash

Mot composé de "**Hyeon** Geum **현금** espèces" et du suffixe "**Jil 질** action réalisée".
Désigne le fait d'acheter cash des items ou des packages pour monter en niveau sur les
jeux en ligne.

Exemple :
Oyu : Regarde ! Mon personnage a la meilleure attaque et la
meilleure défense !
Byeon : Hul, comment ça se fait ? Tu n'as commencé qu'hier !
Oyu : J'ai fait un peu de *Hyeon Jil* !

현웃 Hyeon Woot [hyŏn-ut]

Rire en vrai

Mot composé de "**Hyeon** Shil **현실** réalité" et de "**Woo** Seum **웃음** rire".
Désigne le fait d'exploser de rire en vrai, pas seulement des MDR (mort
de rire) en ligne sur une conversation. (Note : s'écrit **Hyeon Woot** selon
les règles de la prononciation coréenne et non Hyeon Woo.)

Exemple :
Daeho : lol Mina a roté pendant sa présentation ! Ah la honte !
Max : Mdr ! J'explose de *Hyeon Woot*.

형 Hyung [hyŏng]

Un homme plus âgé que soi

Appellation utilisée par un homme jeune pour appeler un
autre homme plus âgé que lui. Peut être utilisée à la place
d'un prénom. Peut être utilisée également pour un homme
que l'on ne connaît pas, attention cependant cela peut être
impoli si l'on ne lui demande pas son autorisation d'abord.

Exemple :
Tony, voici mon pote Mark. Il a 2 ans de plus que toi, appelle-le *Hyung*.

형님 Hyung Nim [hyŏng-nim]

Forme de politesse de Hyung

En Corée, le suffixe **Nim 님** est employé après une appellation comme marque de politesse (par exemple : Idol → Idol Nim), ainsi on peut l'ajouter lorsque l'on souhaite marquer une forme de respect à une personne que l'on appelle Hyung. C'est également un terme utilisé par la mafia coréenne pour désigner leur boss.

Exemple :
Insoo : Hyung ! Je peux utiliser le PC ?
Inho : Si tu m'appelles *Hyung Nim*.

Hyung Whore

Un enfant qui n'aime jouer qu'avec des Hyungs

Mot composé de "Hyung" et de l'anglais "whore" signifiant "prostituée". Expression créée par les fans de K-Pop anglophones. Il ne s'agit pas d'homosexualité, désigne simplement un homme qui aime passer du temps avec des Hyungs. Le plus souvent les Maknaes des groupes montrent ce genre de tendance. Expression en rapport avec le Bromance. Utilisé sans l'intention d'insulter.

Exemple :
Yuno ne passe du temps qu'avec des Hyungs. Mais il n'est pas gay. Il doit juste être un *Hyung Whore*.

이불킥 I Bool (Kick) [i-bul-kik]

S'en vouloir

Mot composé de "**I Bool 이불** couverture" et de l'anglais "**Kick** coup de pied". Signifie "frapper la couverture par honte" en se rappelant d'une chose embarrassante juste au moment de se coucher en fermant les yeux.

Exemple :
Tu te rappelles la fois où j'ai vomi en cours ?
Même maintenant quand j'y pense je *I Bool Kick* !

이열치열 I Yeol Chi Yeol [i-yŏl-chi-yŏl]

Manger un plat revitalisant l'été quand il fait très chaud et lourd

Mot venant d'une maxime traditionnelle chinoise qui dit
"combattre le feu par le feu" (expression similaire en français : le
proverbe "combattre le mal par le mal"). Désigne en Corée le fait
de manger des plats très nourrissants et chauds comme le
Samgyetang 삼계탕 (poulet entier mijoté avec du ginseng, du
jujube, du gingembre, de l'ail, et d'autres ingrédients) en plein
été quand il fait chaud et lourd.

Exemple :
Nana : Il est super chaud ce Samgyetang !
Wongyo : Il fait chaud à en mourir, pourquoi on ne mange pas une glace ?
Nana : Mais non mon gars, c'est ce que l'on appelle *I Yeol Chi Yeol*. Il faut manger ça pour
combattre la chaleur.

Idol

Un jeune artiste K-Pop

Contrairement au sens lexical désignant une personne que
l'on vénère (une idole), désigne un jeune artiste K-Pop.
Ces artistes font leur début après un processus
d'apprentissage dans divers domaines pendant une longue
période. Ils présentent des talents en musique, en jeu
d'acteur, en danse mais aussi dans les émissions TV.
Ils exercent leurs activités en solo ou en groupe.

Exemple :
Tim : Félix, c'est un *Idol* ou pas ?
Max : Ah non, pas du tout. Il a déjà 40 ans et il ne sait pas chanter.

Idolization

Changement physique dramatique (dans un sens positif)

Désigne le changement physique dramatique jusqu'à un
niveau "Idol" à travers un régime ou une nouvelle coupe ou
encore une opération de chirurgie esthétique

Exemple :
Après avoir réussi à perdre 25 kg, elle est passée d'A Jum Ma à Ul Zzang
et Mom Zzang. Un régime est la meilleure méthode d'*Idolization*.

익게 Ik Ge   [ik-ge]

Forum anonyme

Contraction de "**Ik** Myeong **익명** anonyme" et de "**Ge** Si Pan **게시판** forum". Désigne les endroits où l'on peut écrire des posts de manière anonyme sur des sites ou des clubs en ligne. Ces forums anonymes avaient pour but de favoriser les discussions sincères mais sont parfois les lieux où commencent les Fan Wars.

Exemple :
Marcus a mis en ligne un post secret sur *Ik Ge* et il l'a signé à la fin par habitude, du coup tout est découvert.

일진 Il Jin   [il-jin]

Racaille, mauvais élève

Désigne les mauvais élèves, "les racailles" (au collège/lycée). Ils causent des problèmes comme le harcèlement des autres élèves, la violence, le vol, etc. Certains Idols ont été révélés être d'anciens **Il Jins** et ont dû y faire face avec difficulté.

Exemple :
Tout le monde a été surpris d'apprendre que Wendy qui est le symbole de la pureté était *Il Jin*.

인강 In Gang   [in-gang]

Cours en ligne

Contraction de ""**Internet**" et de "**Gang** Eui **강의** cours", désigne le fait d'étudier avec des vidéos de cours en ligne sans se déplacer à l'école ou à des cours privés.

Exemple :
Comme je n'ai pas le temps d'aller à l'école ces temps-ci j'étudie avec des *In Gangs*.

인지도 In Ji Do [in-ji-do]

Notoriété

Outil pour mesurer à quel point un produit ou une marque sont connus du grand public. Dans le monde de la K-Pop, désigne la popularité d'un Idol. L'un des moyens les plus simples est de le faire monter dans un métro et de tester combien de personnes le reconnaissent.

Exemple :
Hello Minnie a voulu vérifier son *In Ji Do* et est montée dans un métro mais personne ne l'a reconnue.

인사 In Sa [in-sa]

Présenter ses salutations

Désigne les salutations comme "salut" quand on se voit ou quand on se quitte, mais également le fait de "marquer son respect" comme par exemple offrir un cadeau à une personne à qui l'on a envie de montrer sa gratitude ou de contacter et prendre des nouvelles des gens de manière fréquente, etc.

Exemple :
La mère : C'est la fête nationale, t'as fait *In Sa* à ton beau-père ?
Le fils : Oui, j'ai fait *In Sa* en lui disant "bonjour".
La mère : Pas ça, il faut lui faire *In Sa*.
Le fils : Ah, il faut que je lui donne de l'argent de poche !

인기 In Ki / In Gi [in-gi]

L'affection venant du public

On peut estimer l'**In Ki** d'un Idol avec la fréquence d'apparition à la télévision, la radio, la taille de son fan-club, etc.

Exemple :
Comment fait Jinpyo pour avoir autant d'amis ?
C'est quoi son secret pour son *In Ki* ?

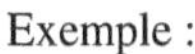

인기가요 In Ki Ga Yo [in-gi-ga-yo]

Émission populaire coréenne de musique", "programme musical de SBS

Programme de musique du dimanche de SBS composé de concerts en live des chanteurs les plus populaires.

Exemple :
Eh ! Mets SBS, il y a *In Ki Ga Yo* !

입덕 Ip Duk [ip-dŏk]

Le moment où l'on tombe sous le charme d'un Idol

Contraction de "**Ip** 입 入" signifiant "entrer" et de "**Duk** Hoo 덕후" signifiant "un fanatique". Désigne ce moment décisif où l'on tombe sous le charme d'un Idol et devient Fan.

Exemple :
Moi j'ai *Ip Duk* quand Jenny a dansé sexy dans le clip.

자삭 Ja Sak [ja-sak]

Suppression de son plein gré

Contraction de "**Ja** Jin 자진 de manière volontaire, à son plein gré" et de "**Sak** Je 삭제 suppression". Désigne le fait de supprimer soi-même un post que l'on avait publié. De manière générale, les cas sont : soit un retour négatif de la part d'un autre utilisateur ; soit le contenu semble finalement inadapté.

Exemple :
Ikhyeon : Oh ! Il y a plein de commentaire sur ma photo.
Rory : Ils disent quoi les gens ?
Ikhyeon : Ils disent de *Ja Sak*...

재방송 Jae Bang Song [jae-bang-song]

Rediffusion

Mot composé du caractère chinois "**Jae 재 再**" signifiant "encore" et de "**Bang Song 방송** émission". L'occasion en or pour un spectateur ayant raté le Bon Bang Song de le revoir. Cependant il doit fermer les yeux et les oreilles pour éviter les spoilers en attendant.

Exemple :
Minho : But !!!!!!!!! Un but pour la Corée !!!!
Dongyul : Oh ! Tais-toi, c'est un *Jae Bang Song*. Puis on a perdu ce match.

잼 Jaem [jaem]

Fun

Expression contractée de "Jae Mi 재미 amusement" par les enfants pour plaisanter. Cette expression peut être également utilisée pour dire : "No **Jaem** 노잼 pas drôle" et "Haek **Jaem** 핵잼 très drôle".

Exemple :
Comme je n'ai aucun sens de l'humour, on me dit souvent que je suis No **Jaem**.

자기야 Ja Gi Ya [ja-gi-ya]

Chéri/mon cœur

Expression composée de "**Ja Gi 자기**" désignant un copain/une copine et de la postposition "**Ya 야**" pour appeler quelqu'un de manière familière. Entre les fans de K-Pop à l'étranger, la forme initiale coréenne est acceptée et utilisée comme par exemple "My Korean **Jagiya**".

Exemple :
La femme : *Ja Gi Ya*, c'est notre premier anniversaire aujourd'hui ! Ne l'oublie pas !
Le mari : Quel anniversaire ?
La femme : ...

Jailbait

Idol mineur ayant moins de 18 ans

Signifie "un piège pour la prison", désigne les Idols mineurs ayant moins de 18 ans dont les Noo Na Fans doivent se méfier. Un principal exemple est Tae Min de SHINee qui avait 16 ans à leurs débuts.

Exemple :
La moyenne d'âge de Miracle Kids étant de 13 ans, le groupe est appelé "*Jailbait* band".

작업 Jak Eop [jak-ŏp]

Draguer

Le sens lexical est "travail" mais dans le registre familier désigne le comportement que l'on adopte pour draguer ou séduire quelqu'un.

Exemple :
Il est d'usage de ne pas *Jak Eop* une femme qui a un copain.

잘자 Jal Ja [jal-ja]

"Dors bien", "bonne nuit"

Salutation que l'on fait avant de dormir. Souvent utilisée pour terminer une conversation téléphonique avec la personne que l'on aime.

Exemple :
Le mari : Ah je tombe de sommeil. Chérie, je me couche d'abord. *Jal Ja* !
La femme : *Jal Ja* !

제발 Je Bal [je-bal]

Expression de l'empressement / "Pitié"

Expression utilisée lorsque l'on souhaite ardemment quelque chose.

Exemple :
Seigneur, *Je Bal* faites que nos Oppas gagnent le premier prix !

제주도 Jejudo / Jeu Island [je-ju-do]

La principale île de repos de la Corée

Magnifique île située à l'extrême sud de la Corée, représentée par le mont Hallasan, les clémentines, les huîtres. Apparaît souvent dans les Dramas comme un lieu romantique de sortie des couples.

Exemple :
Je vais faire ma demande à ma copine à *Je Ju Do*.

즐 Jeul [jŭl]

"Peu importe", "qu'il le fasse ou pas"

Vient des jeux en ligne où l'on dit "**Jeul** Geo Un Game! 즐거운 게임! Bonne partie !" pour dire au revoir, expression dernièrement utilisée pour ignorer et couper la parole à son interlocuteur.

Exemple :
Hugo : Mimi ! Tu ressembles un peu à un singe en fait !
Mimi : *Jeul* !

지못미 Ji Mot Mi [ji-mot-mi]

Situation très regrettable

Contraction de "**Ji** Kyeo Ju Ji **지켜 주지 Mot** Hae **못해 Mi** An Hae **미안해** (désolé ne pas avoir pu te protéger)". Expression utilisée pour réconforter une personne ayant vécu une situation embarrassante et honteuse.

Exemple :
Hailey : MDR t'es vraiment horrible cette photo, *Ji Mot Mi* !

지름신 Ji Reum Shin [ji-rŭm-shin]

Excuse pour un achat compulsif

Contraction de "**Ji Reum 지름** achat compulsif"과 "**Shin 신** Dieu". Une sorte d'excuse pour dire que l'achat compulsif était par révélation divine et non par sa volonté. On ne reprend ses esprits que le mois d'après une fois la facture de la carte de crédit reçue.

Exemple :
Sarah : Ben ! Est-ce que t'as acheté un PC à 3 000 000 wons avec ma carte ?
Ben : Non, c'est *Ji Reum Shin*.

직찍 Jik Jjik [jik-jjik]

Prendre des photos en personne

Contraction de "**Jik** Jeop **직접** en personne" et de "**Jjik** Da **찍다** prendre des photos". Désigne le fait que les fans passionnés prennent des photos de leurs Idols eux-mêmes en personne.

Exemple :
Keira : Eh regardez les gars !
Judy : Hul ! Dae Bak ! C'est *Jij Jjik* ?
Keira : Oui ! Je les ai prises moi-même au concert l'année dernière.

진상 Jin Sang [jin-sang]
Personne se comportant sans manières

Personne qui n'a aucune manière, qui s'énerve pour un rien
et qui s'obstine pour n'importe quoi.

Exemple :
Joohee est un pur **Jin Sang**. Il a frappé le serveur à la tête parce
qu'il trouvait la nourriture épicée.

짜가 Jja Ga [jja-ga]
Personne à la traîne de son époque.

Signifie "contrefaçon". Le verlan de "Ga Jja 가짜 faux" qui est le
mot correct.

Exemple :
Eh ! Je pensais que c'était Adidas mais en fait c'est Abibas !
C'est un **Jja Ga** !

짱 Jjang (Zzang) [jjang]
Le meilleur

Mot populaire depuis les années 90 chez les jeunes. Utilisé devant
un nom, signifie "le meilleur d'un domaine". Mot non utilisé dans
les informations télévisées ou des émissions formelles.

Exemple :
Waouh ! Mon fils est premier du tournoi de jeu ! Game **Jjang** !

찌질이 Jji Jil I [jji-jil-i]
Un enfant impopulaire

Désigne une personne qui n'a pas beaucoup d'ami à cause de son physique sans charme ou de son caractère. Dans les Dramas, le héros "Jji Jil I" se réveille à une occasion (en se faisant larguer par sa copine par exemple) et se venge en devenant "King Ka".

Exemple :
Teddy : Est-ce que t'aimes Spiderman ?
Kim : Non, s'il ne porte pas de l'élasthanne c'est un vrai *Jji Jil I*.

짜장면 Jja Jang Myeon [jja-jang-myŏn]
Plat de nouilles chinois à la coréenne

Plat de nouilles chinois à la coréenne avec une sauce noire fermentée à base d'un mélange de soja, de blé et de sel, couvert de porc haché (ou de fruits de mer) et de légumes. Il est dit venir d'un restaurant tenu par des immigrés d'origine chinoise en 1905 dans le quartier chinois d'Incheon en Corée. Il existe en Chine un plat du même nom mais qui est différent à divers aspects. Comme c'est un plat bon marché et facile à manger, c'est avec le So Ju un plat répandu chez les gens ordinaires.

Exemple :
On ne peut pas expliquer la culture coréenne en excluant le *Jja Jang Myeon.*

찌라시 Jji Ra Shi [jji-ra-shi]
Un recueil de potins

Une sorte de presse à scandale qui traite de sujets à sensation (la corruption des hommes politiques, les potins et les rumeurs sur les célébrités, etc.). Ces nouvelles diffusent encore plus vite dernièrement à travers les applications de messagerie comme Kakao Talk.

Exemple :
Selon *Jji Ra Shi*, le nouveau membre de VODKA ne porte rien quand il dort.

좋아요 Jo A Yo [jo-a-yo]

J'aime

Bouton appuyé lorsque l'on veut exprimer le fait d'être
d'accord ou d'avoir une bonne impression sur un post sur
Facebook ou Instagram.

Exemple :
J'ai mis une photo sur Facebook mais je n'ai aucun Jo A Yo. Je vais supprimer mon compte.

조공 Jo Gong [jo-gong]

"Offrir des cadeaux aux Idols

Le sens lexical est "le tribut" mais désigne le fait que les fans
offrent des cadeaux à leurs Idols en y mettant leur cœur.

Exemple :
Waouh… Ce que j'ai *Jo Gong* aux Oppas monte à plus
de 1 000 000 wons ! Mais je les aime toujours !

조낸 Jo Naen [jo-naen]

Complètement

Venant d'une faute d'orthographe du mot "Jon Nae 존내 baiser"
du registre familier, beaucoup utilisé par les enfants.

Exemple :
Waouh ! C'est *Jo Naen* bon !

존대말 Jon Daet Mal   [jon-daet-mal]

Manière polie de parler, vouvoiement

Désigne la manière polie de parler dans des évènements officiels ou avec des personnes plus âgées. Généralement, il s'agit d'ajouter "-yo -요" ou "-ni da -니다 / -seup ni da -습니다" à la fin d'une phrase.

Exemple :
Byeongjin : Eh, merci mon pote !
Ronald : C'est moi qui suis Hyung, tu dois me faire *Jon Daet Mal* !
Beyongjin : Oh, je vous remercie énormément, monsieur !

존예/존잘 Jon Ye/Jon Jal   [jon-ye/jon-jal]

Super beau/belle

Contraction de "**Jon** Na 존나 baiser" et de "**Ye** Ppeu Da 예쁘다 être jolie / **Jal** Saeng Gyeot Da 잘생겼다 être beau" (en français "putain de trop beau/belle"). Désigne une personne dont la beauté est inégalée.

Exemple :
Le copain : Chérie, à partir de maintenant je t'appelle *Jon Ye*, tu m'appelles *Jon Jal* ?
La copine : Si tu me paies !

집 Jib   [jip]

Album, maison

Mot signifiant "recueil". Désigne l'album d'un chanteur (qui contient plusieurs chansons). A comme homonyme le mot "maison".

Exemple :
Le 8ème *Jib* de Mr. A est super. En plus, il y a pas moins de 20 chansons !
J'ai cet album à mon *Jib*.

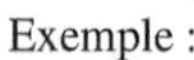

주장미 Joo Jang Mi [ju-jang-mi]

Voir l'aperçu d'un épisode

Contraction de "**Joo** Yo **주요** principal", de "**Jang** Myeon **장면** scènes" et de "**Mi** RI Bo Gi **미리보기** prévisualiser". Il s'agit de l'essentiel de l'histoire d'un Drama compressé. Service utile pour les personnes qui n'ont pas assez de temps pour regarder le Drama en entier.

Exemple :
J'étais trop curieux de savoir la fin du Drama du coup j'ai regardé le *Joo Jang Mi* pour le dernier épisode.

JYP

Jin Young Park

Les initiales de **Park Jin Young 박진영**, un chanteur-compositeur coréen et le directeur de la maison de disque **JYP** Entertainement. Elles sont beaucoup utilisées comme son surnom.

Exemple :
Je suis plus admiratif de l'homme d'affaire *JYP* plutôt que du chanteur *JYP*.

JYP Entertainment

L'une des 3 plus grandes entreprises du show-biz en Corée

Maison de disque dont Got 7, Wonder Girls, Miss A, 2AM, 2PM, etc. en font partie.

Exemple :
JYP Entertainment a 24 heures parce que 2AM et 2PM font partie de *JYP Entertainment*.

KCON
Foire de la K-Pop

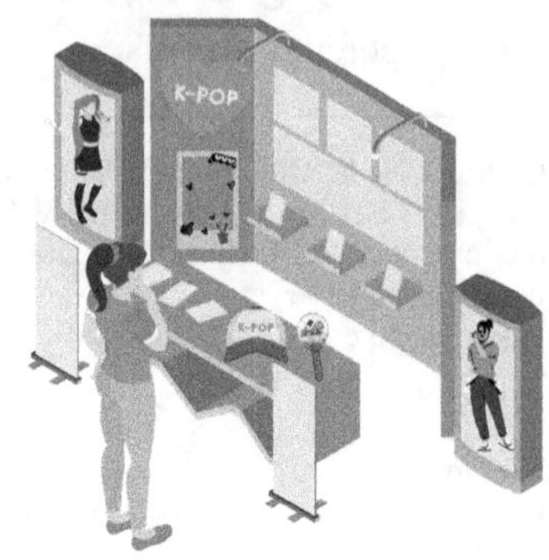

Foire de la K-Pop/culture coréenne. Organisée chaque année principalement par Mnet Media, CJ E&M, Powerhouse Live et Koreaboo. A lieu dans divers endroits partout dans le monde. Est composée d'une réception, de concerts K-Pop, de débats avec des panélistes, etc. Il y a eu plus de 85 000 spectateurs à celle de Los Angeles aux États-Unis tenue à Staples Center.

Exemple :
Quels groupes vont participer à ce ***KCON*** ?

카톡 Ka Tok [ka-tok]
L'application de messagerie la plus utilisée par les coréens

Contraction de Kakao Talk qui est l'application de messagerie utilisée par tout utilisateur coréen de smartphone. Avec des services comme utiliser des émojis, offrir des cadeaux, ouvrir des conversations groupées, etc., est devenu le synonyme même d'une application de messagerie.

Exemple :
Jim : Appelle-moi quand tu rentres !
Tony : Ah la flemme, je te fais ***Ka Tok*** plus tard !

칼퇴 Kal Toe [kal-toe]
Quitter le boulot à l'heure

Contraction de "**Kal 칼** couteau" et de "**Toe** Geun 퇴근 sortir du travail". Désigne le fait de sortir du travail pile à l'heure comme un couteau aiguisé et précis. Le rêve de tous les salariés en Corée mais en réalité c'est plutôt des heures supplémentaires nocturnes.

Exemple :
Aujourd'hui, c'est vendredi. Même pas de ***Kal Toe***, je fais des heures sup. Ah la tristesse :'(

케바케 Ke Ba Ke [ke-ba-ke]

Différent selon la situation

Vient de l'anglais "**Case By** Case 케이스 바이 케이스 cas par cas".
Signifie "différent selon la situation".

Exemple :
J'avais été accepté la dernière fois mais pas cette fois-ci.
Ça doit être au *Ke Ba Ke*.

Keyboard Warrior

Personne exprimant à travers le net sa colère/haine

Personne exprimant sa colère/haine en publiant sur le net
des posts malintentionnés envers une personne en
particulier. A pour but de soulager son stress de la vraie vie.

Exemple :
Woohyo qui s'est fait larguer par sa copine est devenu un
Keyboard Warrior et a commencé à écrire des posts sexistes.

김떡순 Kim Tteok Soon [kim-ttŏk-sun]

Les 3 rois de la street food en Corée

Pour un coréen, la prononciation ressemble à un
nom/prénom d'une femme, mais il s'agit des initiales des 3
plats de rue les plus populaires en Corée : "**Kim** Bap 김밥",
"**Tteok** Bo Kki 떡볶이" et "**Soon** Dae 순대".

Exemple :
Jenny n'a pas de copain mais elle ne se sent pas seule :
elle a le *Kim Tteok Soon*.

김치 Kim Chi [kim-chi]

Plat traditionnel coréen à base de légumes épicés et fermentés

Plat ne pouvant être écarté dans la cuisine coréenne. Il en existe de différentes sortes mais le **Kim Chi** au chou est la principale forme. Il est caractérisé par le goût piquant et il est bon pour la santé car il est fermenté et contient donc plein de ferments lactiques. Élément essentiel qui n'est jamais exclu lorsque l'on parle de l'identité d'un coréen. (Il y a même le son "Kim" dans le mot comme le nom de famille le plus répandu en Corée !) Mot que l'on dit aussi lorsque l'on prend des photos pour faire sortir un sourire naturel.

Exemple :
Pas de repas coréen sans *Kim Chi* !

Killing Part

Partie la plus impressionnante

Désigne en général le temps fort ou le point culminant d'une chanson ou d'une chorégraphie.

Exemple :
Le *Killing Part* de Gangnam Style est "Oppa Gangnam Style !".

킹왕짱 King Wang Jjang [king-wang-jjang]

Le meilleur parmi les meilleurs

Les 3 mots signifient la même chose : "le meilleur". Leur association exprime donc qu'il n'y a rien de mieux. Néologisme employé par les enfants.

Exemple :
La copine : Combien tu m'aimes ?
Le copain : Beaucoup !
La copine : C'est tout ?
Le copain : Non, *King Wang Jjang* !

킹카/퀸카 King Ka / Queen Ka

Un homme/une femme beau/belle et charmant/charmante

Néologisme venant des jeux de cartes "**King Card** 킹 카드 roi" et "**Queen Card** 퀸 카드 dame", désigne un homme/une femme d'une beauté exceptionnelle, aisé/aisée, de haut niveau d'éducation.

Exemple :
Dans le groupe QTQT, la **Queen Ka** c'est Myo.
C'est une étudiante brillante et il paraît que ses parents sont super riches.

깝 Kkab   [kkap]

État de surplus d'énergie de fou

Mot répandu par Jo Kwon de 2AM grâce à sa danse frivole. Il en a obtenu le surnom de "**Kkap** Kwon".

Exemple :
J'ai vu les gens danser **Kkap** Dance hier en boîte. C'était n'importe quoi.

깜놀 Kkam Nol   [kkam-nol]

Être très surpris

Contraction de "**Kkam** Jjak 깜짝 (onomatopée du son d'un clignement des yeux par surprise)" et de "**Nol** La Da 놀라다 être surpris".
Néologisme que les jeunes utilisent.

Exemple :
Ah ! J'ai failli me faire renverser par une voiture. J'ai **Kkam Nol**.

꽐라 Kkwal La   [kkwal-la]

État d'ivresse complète

L'origine de cette expression n'est pas claire, mais la théorie la plus amusante est la suivante : un koala dort beaucoup, ce qui serait dû à un composant similaire à l'alcool contenu dans leur aliment, les feuilles d'eucalyptus (idée reçue révélée fausse). D'où la naissance du mot "**Kkwal La**" dont la prononciation est similaire à "koala".

Exemple :
Sam : Les gens me disent que je ressemble à un koala ! Je suis si mignon que ça ?
Tony : Lol, ils n'ont pas dit *Kkwal La* plutôt parce que tu bois trop ?

Koreaboo

Un grand fan de la culture coréenne

Mot utilisé en Occident, désigne une personne qui n'est pas Coréenne et qui idolâtre de manière excessive la culture coréenne, et qui se comporte et qui parle comme un coréen de manière maladroite. Il était utilisé principalement pour un sens péjoratif, mais maintenant pour dire "un grand fan de la culture coréenne. Les personnes ayant un sincère intérêt pour la culture coréenne sont parfois prises pour des **Koreaboo**.

Exemple :
Comme Sophie n'écoute que la K-Pop et qu'elle n'utilise que des produits cosmétiques coréens, je pensais que c'était une *Koreaboo* mais en fait elle était étudiante en histoire de la Corée et c'est quelqu'un qui a une profonde connaissance de la Corée.

꼰대 Kkon Dae   [kkon-dae]

Personne ayant une mentalité autoritaire

Expression pour critiquer les personnes qui prétendent qu'il faut absolument suivre ce qu'elles disent car elles sont plus âgées. Ce sont des personnes que l'on peut souvent voir dans la société coréenne dans laquelle l'âge détermine naturellement la hiérarchie. Cependant ce n'est pas parce que l'on est vieux que l'on devient **Kkon Dae** comme les parents ou les grands-parents. Mêmes les personnes jeunes comme des lycéens et des étudiants peuvent devenir **Kkon Dae** si elles s'obstinent à dire qu'elles ont raison face des élèves plus jeunes qu'elles.

Exemple :
La K-Pop Fan de 15 ans : Je préfère Butter entre les chansons de BTS.
La K-Pop Fan de 14 ans : Moi c'est Dynamite !
La K-Pop Fan de 15 ans : Qu'est-ce que t'y connais la petite ? Je suis plus âgée alors c'est moi qui ai raison. Butter c'est la meilleure.
La K-Pop Fan de 14 ans : Quelle *Kkon Dae* !

콩다방 Kong Da Bang [kong-da-bang]
"Coffee Bean"

Mot composé de "**Kong 콩**" signifiant "grains" et de
"Da **Bang 다방**" signifiant "café, salon de thé", désigne
la chaîne de café "Coffee Bean" populaire en Corée.

Exemple :
On se voit à *Kong Da Bang*, enfin au Coffee Bean.

콩가루 Kong Ga Ru [kong-ga-ru]
Famille en bordel

Mot composé de "**Kong 콩**" signifiant "grains" et
"**Ga Ru 가루**" signifiant "poudre". Métaphore pour
désigner une famille en désordre, sans discipline,
en danger, qui s'envolerait si on lui soufflait dessus
comme de la poudre de grains très volatile. Famille
souvent présente dans les Mak Jang Dramas.

Exemple :
La famille de Judy est vraiment *Kong Ga Ru* : sa mère a un
amant caché et son père est arrêté pour prostitution sur mineurs.

꿀벅지 Kkul Beok Ji / Honey Thighs
Cuisses resplendissantes de santé

[kkul-bŏk-ji]

Désigne des cuisses ni grosses ni maigres qui sont resplendissantes de
santé. UEE d'After School a comme surnom **Kkul Beok Ji,** ici "**Kkul
꿀**" signifie "miel" mais est employé pour dire "le meilleur" (car ce qui
est le meilleur au monde est sans doute le miel). Les fans de K-Pop
anglophones utilisent la traduction littérale **Honey Thighs.**

Exemple :
Je pourrai avoir des *Honey Thighs* si je fais 200 squats par jour ?

Kyeopta / Kyopta

Mignon

Transcription en alphabet du mot coréen "Gwi Yeop Da 귀엽다 mignon" modifiée pour que les fans étrangers puissent le prononcer plus facilement. Cas particulier d'une prononciation adaptée d'un mot coréen.

Exemple :
Il est vraiment *Kyeopta* ce chiot !

Leader

"Le membre responsable du groupe et qui le dirige

De manière générale ce rôle est confié au membre le plus âgé, mais pas toujours.

Exemple :Awesome Freshmen a 15 membres alors il est difficile de savoir qui est le *Leader*.

이수만 Lee Soo Man　[i-su-man]

Fondateur/président de SM Entertainment

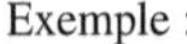

Chanteur d'origine, le fondateur pionnier de la culture K-Pop et Idols. Il possède SES, HOT, BoA, DBSK, Super Junior, Girls' Generation, etc. grâce à ses excellents talents de producteur et d'homme d'affaire.

Exemple :
Lee Soo Man est une légende vivante de la K-Pop.

리즈 Leeds   [li-jǔ]

L'âge d'or

Terme venant de l'époque où Park Ji-Sung et Allen Smith étaient dans la même équipe de foot anglaise Manchester United. Allen Smith qui était précédemment à Leeds United, ne montrait pas une performance particulière à Manchester United, ses fans disaient avec nostalgie "l'époque de Leeds nous manque". "**Leeds** Sa Jin **리즈 사진 Leeds** photos" désigne donc des photos de l'époque où l'on est jeune et beau, "**Leeds** Shi Jeol **리즈 시절 Leeds** époque" désigne la période où l'on était exceptionnel.

Exemple :
J'étais vraiment jolie au collège, les photos de l'époque sont mes *Leeds* photos !

레전설 Le Jeon Seol   [le-jŏn-sŏl]

Personnage légendaire

Expression composée de l'anglais "**Legen**d **레전드**" signifiant "légende" et du coréen "Jeon **Seol** **전설**" signifiant également "légende". Des mots signifiant la même chose sont ridiculement répétés deux fois, et ainsi les enfants utilisent cette expression pour accentuer quelque chose.

Exemple :
BTS peut devenir *Le Jeon Seol* international.

Lip Sync

Faire du playback, faire semblant de chanter

Le fait de juste ouvrir la bouche comme un poisson de manière synchronisée sur une chanson préenregistrée. Essentiel pour les Idols qui ne sont pas confiants sur leur live ou pour les groupes qui dansent des chorégraphies vigoureuses.

Exemple :
Ingu a été éliminé car il a fait du *Lip Sync* à l'audition.

로케 Lo Kae   [lo-kae]
Filmer sur le terrain

Expression venant de l'anglais "location" signifiant "lieu".
Désigne le fait de filmer sur le terrain et non dans un studio
monté. Dans le monde du spectacle coréen, désigne également
le fait de filmer à l'étranger et pas en Corée.

Exemple :
C'est un clip énorme filmé à Moscou en *Lo Kae*.

롯데월드 Lotte World   [lot-de-wol-dŭ]
Le plus grand parc d'attraction en Corée

Installation de loisirs complexe située à Jamsil à Séoul. Construite
par l'entreprise Chaebol coréenne Lotte. Est composée du plus
grand parc à thème intérieur de Corée, d'un parc d'attractions
extérieur, d'une île artificielle, d'un centre commercial, d'un hôtel,
du musée folklorique national de Corée, d'un cinéma, etc.
Populaire chez les adolescents comme lieu de sortie de couple.

Exemple :
Comme je n'ai pas encore 18 ans et que je ne peux pas
aller en boîte, je vais aller à *Lotte World* !

Love Call
Une offre

Acte de demander d'apparaître dans un CF,
une émission TV, un Drama, etc.

Exemple :
Le CF récent de Sumi a fait un tabac, elle reçoit des
Love Calls de partout.

Love Line

Relation amoureuse

Désigne le fait de montrer les relations entre les personnages de nature amoureuse dans un Drama. Par exemple, si Soo Mi et Tak décident de sortir ensemble, cela constitue une **Love Line**. Il peut se former des **Love Lines** plus compliquées parce que plus de 2 personnages y sont impliqués.

Exemple :
La *Love Line* de ce drama est trop compliquée alors je confonds tout. Tous les personnages sont infidèles !

맹구 Maeng Goo [maeng-gu]

Idiot

Initialement un personnage d'une émission de comédie à succès des années 90 connu pour le jeu d'un idiot. A rendu populaire le geste de faire des ronds avec les mains, de les retourner et les presser contre le visage tout en criant "Batman". Désigne donc une personne qui a des difficultés de compréhension et qui fait des choses stupides.

Exemple :
Kim : J'ai encore perdu mon portefeuille hier ! Je suis vraiment *Maeng Goo*.

막장 Mak Jang [mak-jang]

Une intrigue sens dessus dessous feuilleton

Désigne une histoire irréaliste au point d'en être ridicule, catégorisée comme un genre de Drama en Corée. Le genre est principalement constitué des histoires provocantes comme "un secret de naissance", "le retour d'un personnage mort", "une amnésie", etc., mais a beaucoup de fans grâce à un développement prenant et rapide et des retournements de situation qui vont à l'encontre de toute prévision.

Exemple :
Il paraît que Ben est sorti avec cette Unnie alors qu'il était en couple avec sa copine ! Mais qui était en réalité sa sœur ! C'est vraiment une histoire *Mak Jang* !

막내 Mak Nae [mak-nae]

Le benjamin/la benjamine

Le membre le plus jeune d'un groupe. Rôle difficile car il doit faire toutes les commissions et choses pénibles, mais il est en charge du Ae Gyo et il reçoit protection et affection de la part des membres plus âgés, un vrai énergisant pour le groupe.
Parmi les expressions en lien :

- Fake Mak Nae : désigne un membre qui se comporte comme le Mak Nae alors qu'il n'est pas le plus jeune, comme par exemple Jin de BTS ;
- Evil Mak Nae : un Mak Nae qui n'a pas les caractéristiques habituelles d'un Mak Nae. Un fauteur de troubles qui embête les Hyungs. C'est le surnom de Kyuhyun de Super Junior.

Exemple :
N'importe qui peut constater que Grace pleine d'énergie et d'Ae Gyo est la *Mak Nae*. Mais en réalité c'est la plus âgée du groupe, c'est une *Fake Mak Nae* !

말도안돼 Mal Do An Dwae [mal-do-an-dwae]

"Ça n'a pas de sens"

"Incroyable", "impossible".
Expression employée pour exprimer le rejet ou la surprise.

Exemple :
Hul ! Comment ça Oppa n'a pas eu le premier prix ? *Mal Do An Dwae* !

MAMA

Mnet Asian Music Awards

Évènement K-Pop de grande envergure organisé par CJ E&M via leur société Mnet. Des célébrités de la Chine, d'Hong Kong, du Japon, de Taïwan etc. y assistent également.

Exemple :
Il paraît que le *MAMA* de cette année aura lieu à Shanghai et qu'il y aura plein de célébrités !

만렙 Man Leb [man-lep]

Le niveau le plus élevé

Mot composé du caractère chinois "**Man 만 滿**" signifiant "plein" et de l'anglais "**Level 레벨** niveau". Désigne un personnage ayant atteint le plus haut niveau dans les jeux en ligne. Peut être aussi utilisé dans la vie quotidienne pour désigner une personne qui atteint le plus haut niveau dans un domaine.

Exemple :
Joyeux anniversaire papi ! C'est *Man Leb* !

Manner Hands

Faire attention à ne pas toucher le corps

Désigne pour un homme un acte prévenant pour éviter des contacts physiques non nécessaires avec une femme. Comme par exemple, au moment de prendre une photo, ne pas toucher l'épaule ou la taille mais laisser la main en l'air à une certaine distance.

Exemple :
MKeegan fait toujours *Manner Hands* quand il prend des photos avec ses fans féminins, on dirait un magicien.

Manner Legs

Adapter la taille

Désigne pour une grande personne debout d'écarter ses jambes pour s'adapter à la taille d'une personne plus petite. Généralement chez les couples pour faire un bisou ou un câlin.

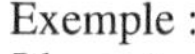

Exemple :
Jiho qui mesure 2 m fait *Manner Legs* pour adapter sa taille quand il fait des bisous à sa copine qui mesure 1,50 m.

맛있어 Ma Shi Sso   [ma-shi-ssŏ]

Trouver un plat à son goût", "avoir du goût/être goûteux

Expression naturellement employée lorsque l'on mange un plat vraiment bon.

Exemple :
Waouh, c'est toi qui as fait ça ? C'est vraiment *Ma Shi Sso* !

맞선 Mat Seon   [mat-sŏn]

Rencontre pour laquelle les parents s'entremettent

Rencontre pour laquelle les parents s'entremettent pour trouver un conjoint à leur enfant. Dans les K-Dramas, solution utilisée par la mère du héros qui ne veut pas que son fils épouse la femme issue d'une famille pauvre afin de les séparer.

Exemple :
J'ai fait un *Mat Seon* avec un homme hier mais il n'était pas du tout mon style.

Melo Drama

Drama romantique/sentimental", le genre "drame

Un genre de Drama (Drama signifie "série", c'est-à-dire une œuvre diffusée en plusieurs épisodes) plein de divers sentiments (un mélodrame en français). Traite de divers sujets comme l'amour, la réussite, la vengeance, le pardon, etc., mais en Corée terme confondant également le Drama romantique ou le Drama sentimental qui fait pleurer.

Exemple :
Juno complètement fauché qui réussit et épouse la femme qu'il aime, c'est typiquement l'histoire d'un *Melo Drama*.

Melon
Service de streaming de musique

Servie payant en Corée pour écouter de la musique que l'on veut en ligne.

Exemple :
Mina : Ça coûte combien *Melon* ces temps-ci ?
Doohee : Le fruit ou le site ?

멘붕 Men Bung [men-bung]
État de forte confusion psychologique

Mot composé de "**Men**tal 멘탈" signifiant "esprit" en anglais et de "**Bung** Gwe 붕괴" signifiant "effondrement". Néologisme utilisé par les jeunes.

Exemple :
J'étais vraiment *Men Bung* quand j'ai appris la dissolution des Oppas.

멘트 Ment [men-tŭ]
Paroles douces dites pour flirter

Mot venant de l'anglais "comment" signifiant "commentaire". Désigne en général les douces paroles pour amadouer quelqu'un.

Exemple :
Dohoon : Waouh, t'as vraiment l'air d'un ange !
Jenny : Ne fais pas *Ment* ! Qu'est-ce que tu veux ?

먹튀 Meok Twi [mŏk-twi]

S'enfuir après avoir mangé

Contraction de "**Meok** Go 먹고 avoir mangé" et "**Twi** Gi 튀기 se barrer". Dans le monde du sport, désigne un joueur qui ne peut pas jouer à cause d'une blessure malgré le fait d'avoir été embauché avec un salaire énorme ; dans le monde des affaires, désigne le fait de dégager avec l'argent après avoir donné son accord pour un contrat.

Exemple :
Fing : Tu peux me prêter 50 000 wons ? Je te rembourserai avec intérêts !
Mei : Comment je peux te croire ? Je suis sûre que tu vas *Meok Twi* !

미쳤어 Mi Chyeo Sso [mi-chyŏ-ssŏ]

Perdre la tête

Exclamation pour exprimer la surprise, la colère ou la joie par ironie.

Exemple :
Hul ! T'as bu tout ce soju tout seul ? *Mi Chyeo Sso* ?
C'est mon sac à main préféré ! C'est un cadeau ?
Mi Chyeo Sso! Merci beaucoup ! Je t'aime !

미존 Mi Jon [mi-jon]

Voleur de scène

Contraction de "**Mi** Chin 미친 être fou" et de "**Jon** Jae Gam 존재감 présence". Personne attirant l'attention avec un énorme charisme et charme.

Exemple :
Quand il est apparu, tout le monde l'a regardé bouche bée.
Quel *Mi Jon*.

미남/미녀 Mi Nam / Mi Nyeo [mi-nam/mi-nyǒ]

Un bel homme/une belle femme

Mot composé des caractères chinois "**Mi 미 美**" signifiant beauté
et "**Nam 남 男 / Nyeo 녀 女**" signifiant "homme/femme".
Comparé à "Jon Jal/Jon Ye" du registre familier, il s'agit d'un
terme formel pouvant être utilisé en public.

Exemple :
Waouh, ta mère est une vraie *Mi Neyo*. Mais pourquoi toi t'es… ?

미안해 Mi An Hae [mi-an-hae]

Désolé

Expression familière pour présenter ses excuses.
Peut être utilisée à des proches ou à des personnes
plus jeunes.

Exemple :
Je suis désolée j'ai mangé tous tes gateaux… *Mi An Hae*…

밀당 Mil Dang [mil-dang]

Guerre psychologique

Contraction de l'expression "**Mil Go 밀고** pousser et **Dang** Gi Gi **당기기** tirer". Une sorte de
guerre psychologique au sein du couple ou dans les relations humaines pour occuper la place
supérieure, comme un jeu de tir à la corde. Attention à ne pas en abuser car pourrait donner le
résultat contraire.

Exemple :
Pas de nouvelles pendant 3 jours.
Il cherche à *Mil Dang* avec moi ?

Mini Album
Un album contenant moins de titres qu'un album standard

Un *mini-album* comprend entre cinq et sept chansons (un titre et au moins une Ballad). Certains mini-albums comportent également des chansons d'intro, qui durent environ une minute, et des versions instrumentales des titres.

Exemple :
Quand est-ce que les Oppas vont faire leur comeback… C'est trop dur d'attendre, ils pourraient faire un *Mini Album* au moins...

미워 Mi Wo [mi-wŏ]
Ne pas apprécier

Façon mignonne d'exprimer sa colère ou le fait de ne pas apprécier quelque chose.

Exemple :
Pourquoi tu ne m'as pas appelée ? Oppa *Mi Wo Mi Wo* !

목소리 Mok So Ri [mok-so-ri]
Voix

Mot ocmposé de "**Mok 목** cou" et de "**So Ri 소리** son".
Élément le plus important pour un chanteur.
Désigne également une opinion ou un avis.

Exemple :
Le *Mok So Ri* de Kyumin est le plus doux de tous les chanteurs Idols.

몰카 Mol Ca   [mol-ka]

Caméra cachée

Contraction de "**Mol** Lae 몰래 en cachette" et "**Ca**mera 카메라".
Désigne le fait de filmer quelqu'un à son insu. Problème sociétal
car les célébrités mais aussi les gens ordinaires en ont été victimes.

Exemple :
Beaucoup de fans sont partis depuis que la vie privée décevante de
Jason a été découverte par *Mol Ca*.

몰컴 Mol Com   [mol-kŏm]

Faire de l'ordinateur en cachette

Contraction de "**Mol** Lae 몰래 en cachette" et de
"**Com**puter 컴퓨터 ordinateur". Désigne pour les enfants
le fait d'aller sur l'ordinateur à l'heure du coucher à
l'insu de leurs parents. Quand on fait **Mol Com** on a
l'impression que les bruits du PC sont curieusement les
plus forts au monde.

Exemple :
Oh ! Le concert live des Oppas est à 23h. Je vais *Mol Com* et le regarder en ligne.

몰라 Mol La   [mol-la]

Je ne sais pas

Utilisé pour éviter de répondre à une question gênante ou
pour montrer son mécontentement.

Exemple :
Uhyuk : C'est quoi ton poids ?
Mina : *Mo La* ! Il ne faut pas poser ce genre de question aux dames !

몸짱 Mom Jjang / Zzang [mom-jjang]

Personne ayant un super corps

Mot composé de "**Mom 몸** corps" et de "**Jjang/Zzang 짱** le meilleur".
Désigne pour un homme une personne musclée et pour une femme une
personne mince.

Exemple :
Je n'ai pas un beau visage mais comme je fais beaucoup de sport,
je suis *Mom Zzang* !

모자이크 Mosaic [mo-ja-i-kŭ]

Outil de censure vidéo

Outil de montage de censure vidéo utilisé dans la télévision coréenne
pour masquer des scènes sensibles pour les adoslescents (la violence
excessive, les sexes, la cigarette, les tatouages, etc.) ou pour masquer
l'identité d'une personne en particulier. Certaines parties sont
pixélisées comme une mosaïque (**Mosaic**) pour qu'elles ne puissent
pas être reconnues. Il arrive parfois dans les émissions TV coréennes
que certains logos des vêtements ou casquettes des participants sont
floutés par **Mosaic**, c'est parce que les marques qui ne sont pas des
sponsors officiels ne peuvent pas être exposées.

Exemple :
Si je suis dans une émission, mon visage serait *Mosaic* : il est nocif pour les adolescents...

무플 Moo Peul [mu-pŭl]

Aucun commentaire

Mot composé du caractère chinois "**Moo 무 無**" signifiant
"absence" et de "**Reply 리플**". Désigne le fait qu'il n'y a
aucun commentaire sur un post sur internet. Cette situation
arrive lorsque le post en question fait l'objet de controverse ou
ne mérite pas d'être répondu.

Exemple :
Ce qui est pire que l'Ak Peul, c'est le *Moo Peul*, puisque personne ne s'y intéresse.

무대 Moo Dae [mu-dae]

Scène

Désigne le lieu où les chanteurs font leur concert.
Objectif ultime de tout Trainee rêvant d'être une K-Pop star.

Exemple :
Nos Oppas sont plus beaux quand ils sont sur *Moo Dae* !

무개념 Moo Gae Nyeom [mu-gae-nyŏm]

Ne connaît pas la pudeur

Mot composé du caractère chinois "**Moo 무 無**" signifiant "absence"
et de "**Gae Nyeom 개념**" signifiant "bon sens". Désigne une personne
qui manque d'empathie ou de bon sens et qui a des comportements
critiquables sans se soucier des autres. Sens similaire à "Jin Sang".

Exemple :
Rire et parler fort dans une bibliothèque, c'est vraiment *Moo Gae Nyeom*.

문자 Moon Ja [mun-jja]

Un SMS, un texto

Mot désignant un SMS, c'est-à-dire un message envoyé par
téléphone et non via une application smartphone de messagerie
(par exemple iMessage).

Exemple :
Je n'ai pas Kakao Talk. On se contacte par *Moon Ja* !

모태 솔로 Mo Tae Solo   [mo-tae-sol-lo]
Célibataire depuis toujours

Mot composé de "**Mo Tae 모태**" signifiant "le ventre de sa mère" et de "**Solo**". Signifie être célibataire depuis avant même la naissance. Désigne une personne qui n'a jamais eu de relation amoureuse. Il arrive que cela soit dû au fait que l'on manque de charme mais aussi par conviction religieuse comme les bonnes sœurs ou les prêtres.

Exemple :
Joohee est vraiment jolie mais elle n'a jamais eu de copain. C'est une *Mo Tae Solo* !

MR
La version d'une musique n'enregistrant que l'instrumental

Initiales de "**M**usic **R**ecorded". Désigne la version d'une musique qui ne contient que l'instrumental sans la voix du chanteur. "**MR 제거** MR supprimé" désigne au contraire la version vocale sans l'instrumental.

Exemple :
T'as écouté Kori sans *MR* ? Il chante trop mal !

먹방 Muk Bang / Meok Bang   [mŏk-bang]
Eating show

Contraction de "**Muk** Neun **먹는** manger" et de "**Bang** Song **방송** diffusion". L'animateur mange en direct sur YouTube ou afreeca TV et communique avec les spectateurs par le chat. Certains animateurs connaissent un grand succès grâce à la quantité énorme de nourriture qu'ils mangent. Beaucoup de gens pensent qu'il est étrange de regarder quelqu'un d'autre manger, mais de nos jours énormément de jeunes vivent seuls et apprécient la sensation de partager un repas avec quelqu'un. Nombreux Youtubeurs étrangers font aussi des **Mukbangs**.

Exemple :
Comme je rentre tard je n'ai personne avec qui dîner.
Je vais manger en regardant un *Muk Bang*.

Music Bank
Spectacle de musique hebdomadaire

Spectacle de musique hebdomadaire créé par KBS.
Détermine un classement en prenant en rassemblant les
charts digitaux, la quantité d'albums vendus, la fréquence de
diffusion radio/TV, etc.

Exemple :
Oh ! C'est l'heure de *Music Bank* ! Vite, allume la télé !

MV
Music Video, un clip

Selon le Concept de la chanson, le thème du clip
change aussi. Dernièrement les maisons de disques
investissement de grande somme d'argent pour une
qualité cinématographique.

Exemple :
Le nouveau *MV* de 8 Players est super populaire sur YouTube.

뭥미? Mwong Mi? [mwŏng-mi]
"Quésaco?"

Expression largement utilisée qui n'est pas du coréen
standard, signifiant "quoi ?", "qu'est-ce que c'est ?", dont
les adolescents en ont fait une prononciation amusante.

Exemple :
J'ai eu un appel manqué de mon ex qui ne m'avait pas contactée pendant 10 ans.
Mwong Mi ?

네/아니요 Ne / A Ni Yo   [ne/a-ni-yo]

"Oui/Non (registre soutenu)"

Utilisé pour répondre à quelqu'un.

Exemple :
Le professeur : Vicky ! Tu peux résoudre ce problème ?
Vicky : *Ne* ? Moi ? *A Ni Yo*, je ne pense pas pouvoir le résoudre !

내게로 와 Nae Ge Ro Wa   [nae-ge-ro-wa]

"Viens à moi"

Expression signifiant "viens à moi". Expression révélant la volonté de se rapprocher de quelqu'un psychologiquement ou physiquement. Puissante formule magique dont quelqu'un qui a déjà ouvert son cœur ne peut échapper.

Exemple :
Le mari : Chérie, *Nae Ge Ro Wa*.
La femme : Oui, mon chéri.
Le mari : Et sur le chemin tu pourrais ramener la télécommande ?
La femme : Pff...

냉무 Naeng Moo   [naeng-mu]

"Pas de contenu"

Mot composé de "**Naeng 냉**" contraction amusante de "Nae Yong 내용 contenu" et du caractère chinois "**Moo 무 無**" signifiant "absence". Utilisé comme titre d'un post, permet de notifier qu'il n'y a pas de contenu dans le post lui-même.

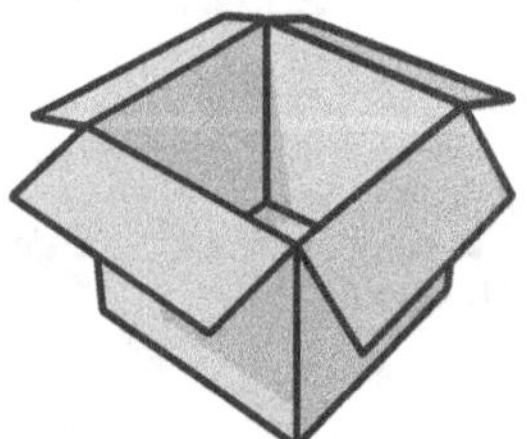

Exemple :
Naeng Moo.

낚시 Nak Si   [nak-shi]

Berner, avoir quelqu'un

Mot signifiant "pêcher". Désigne le fait d'avoir quelqu'un comme on pêche un poisson avec un faux appât. Utiliser la tromperie ou l'arnaque afin d'obtenir ce que l'on souhaite. Attention surtout le 1er avril (poisson d'avril).

Exemple :
Si vous voulez voir la vidéo, cliquez ici avec le doigt de pied et léchez. Oui, c'est *Nak Si*.

남친/여친 Nam Chin/Yeo Chin

Copain/copine   [nam-chin/yŏ-chin]

Contraction de "**Nam** Ja **Chin** Gu 남자친구" / "**Yeo** Ja **Chin** Gu 여자친구" signifiant "copin/copine". Pour certains, des êtres imaginaires qui n'existent pas dans la réalité.

Exemple :
Ah qu'est-ce qu'il fait froid ! J'aurais aimé avoir une *Yeo Chin* !

남대문 Nam Dae Moon   [nam-dae-mun]

Braguette ouverte

Désigne initialement le trésor national corée n°1 "**Nam Dae Moon** 남대문 ("Grande porte du sud")", mais "Nam 남" étant un homonyme pour signifiannt le sud "남쪽" et l'homme "Nam Ja 남자", désigne "la grande porte de l'homme". "**Nam Dae Moon** est ouvert" est donc une expression pour discrètement signaler que la braguette est ouverte.

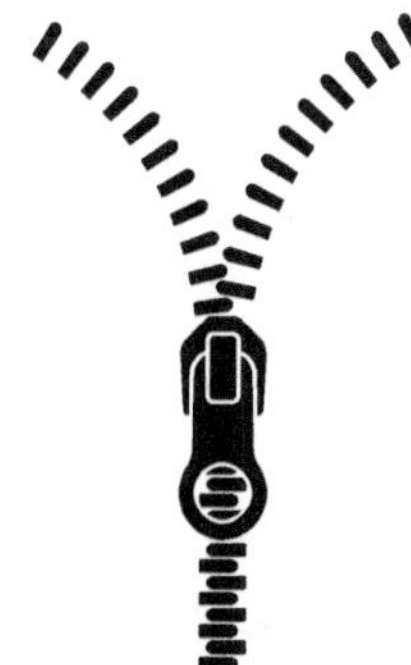

Exemple :
L'élève : Monsieur ! Regardez le *Nam Dae Moon* !
Le maître : Tu veux aller visiter le *Nam Dae Moon* ?
L'élève : Non ! Votre braguette est ouverte !

남사/여사친 Nam Sa/Yeo Sa Chin

[nam-sa-chin/yŏ-sa-chin]

Un ami homme/une amie femme avec qui l'on n'a pas une relation amoureus

Contraction de "**Nam** Ja **Sa** Ram 남자 사람 une personne homme / **Yeo** Ja **Sa** Ram 여자 사람 une personne femme" et de "**Chin** Goo 친구 ami(e)". À ne pas confondre avec "Nam Chin / Yeo Chin" qui désigne une personne avec qui l'on est en couple. Comme on peut le voir au mot "**Sa** Ram 사람 une personne" contenu dans l'expression, accentue le fait que la personne n'est qu'un(e) ami(e) du sexe opposé sans relation ambiguë.

Exemple :
Monica : Waouh, vous allez vraiment bien ensemble !
Tom : Non ! Non ! C'est juste une *Yeo Sa Chin* !

네이버 Naver [ne-i-bŏ]

Le plus grand portail internet en Corée

Site fournissant divers services comme la recherche sur le net, des blogs, le shopping, les actualités, la musique, des cartes, etc. Les chanteurs K-Pop veulent tous être le n°1 du classement des termes les plus recherchés sur **Naver**.

Exemple :
Abe : Eh, tu pourrais chercher ça sur Google ?
Nielsen : On est en Corée ici, il faut utiliser *Naver* !

넘사벽 Neom Sa Byeok [nŏm-sa-byŏk]

"Qui dépasse l'entendement"

Contraction de "**Neom** Eul Soo Eop Neun 넘을 수 없는 qui ne peut être dépassé", de "**Sa** Cha Won 사차원 4ème dimension" et de "**Byeok** 벽 mur". Désigne une personne qui a dépassé l'entendement et qui ne peut être contrôlée ou soumise.

Exemple :
Doyle : J'ai bu une bouteille de vodka et ça ne me fait rien.
Mina : Ah, pour l'alcool t'es vraiment un *Neom Sa Byeok*.

네티즌 Netizen [ne-ti-jŭn]

Utilisateur d'internet

Mot composé de l'anglais "Inter**net**" et de "Cit**izen**". Il y a beaucoup d'utilisateurs exemplaires mais aussi des utilisateurs malintentionnés qui publient des commentaires haineux et poussent les autres au suicide.

Exemple :
Jackie s'est fait arrêté pour conduite en état d'ivresse !
Il y aura plein d'Akpeuls des *Netizens*. Il ne faut surtout pas conduire quand on a bu !

뉴페 New Pe [nyu-pe]

Un nouveau membre

Contraction de "New Face". Désigne une personne nouvellement devenue membre indépendamment de son âge ou de son expérience. (Note : comme le son f n'existe pas en coréen, est prononcé **P**ace.)

Exemple :
Ning : Ah je m'ennuie ! Pas de *New Pe* dans notre groupe ?
Jenna : Si je me fais faire de la chirurgie esthétique, est-ce que ça ferait de moi une *New Pe* ?

뇌섹남 Noe Sek Nam [noe-sek-nam]

Une personne ayant comme charme une intelligence exceptionnelle

Contraction de "**Noe** 뇌 cerveau", de "**Sek** Si Han 섹시한 être sexy" et de "**Nam** Ja 남자 homme". Désigne une personne intelligente et drôle, indépendamment de son physique.

Exemple :
Dongyu n'a pas un très beau visage mais il paraît que c'est un docteur en technologie d'Havard. C'est un vrai *Noe Sek Nam*.

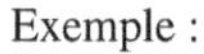

Newbie

Personne n'ayant pas d'expérience dans un domaine

Un Newbie (de l'anglais signifiant "novice", "petit nouveau")
venant de faire ses débuts a beaucoup de Seon Baes dont il faut
prendre soin.

Exemple :
Jun : Salut ! J'étais un chanteur de Ballad avant !
Taro : Bienvenu ! Mais tu sais ce que ça n'a rien à voir avec le hip-hop ? T'es un *Newbie* ici !

NG

Refilmer

Initiales de l'anglais "**N**o **G**ood". Terme employé lors des
tournages de film ou de Drama. Utilisé quand on doit refilmer à
cause d'une erreur d'un acteur ou d'un problème du décor, etc.

Exemple :
NG ! Je t'ai dit de ne pas ouvrir les yeux en embrassant !

노안 No An   [no-an]

Visage paraissant plus âgé que l'âge réel

Mot composé des caractères chinois "**No 노 老** vieux"
et de "**An 안 顔** visage". Contraire de "Dong An". On
dit souvent à une personne **No An** dès sa jeunesse
qu'elle a l'air vieille, mais leur avantage est de ne pas
vieillir. En effet, en prenant de l'âge, il est difficile de
reconnaître chez ses amis un visage connu jeune, mais
on dit que les **No Ans** ne changent pas.

Exemple :
Dès ma naissance on me disait que j'étais un papi. Un vrai *No An*.

녹화방송 Nok Hwa Bang Song

Contraire d'une émission en direct   [nok-hwa-bang-song]

Mot composé de "**Nok Hwa 녹화** enregistrement" et de "**Bang Song 방송** diffusion". Le fait de diffuser quelque chose préalablement enregistrée. Plus sûr car même s'il y a un NG peut être refilmé. Contraire Saeng Bang Song 생방송 d'une émission en direct.

Exemple :
Yoshi : Waouh, comment il peut jouer aussi bien sans même un NG ?
Ina : C'est parce que c'est un *Nok Hwa Bang Song* et que le montage a bien été fait.

놀토 Nol To   [nol-to]

Samedi de repos

Contraction de "**Nol** Da **놀다** jouer, se reposer" et de "**To** Yo Il **토요일** samedi". Utilisé depuis que l'école est passée à 5 jours en 2012. Journée que les élèves attendent le plus dans la semaine.

Exemple :
Plus qu'une journée d'école et c'est *Nol To* !

눈치 Noon Chi   [nun-chi]

Capacité à lire une situation

Le sens lexical est "à vue d'œil". Désigne le fait d'analyse la situation rapidement et de comprendre ce que veut l'autre. Capacité particulièrement nécessaire dans la société coréenne où les relations hiérarchiques sont définies selon l'âge. Une personne qui n'a pas de **Noon Chi** est comme une bombe dont on ne sait pas quand elle va exploser.

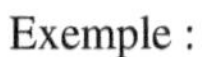

Exemple :
Parler de l'ex du marié à un marige est un comportement dénué de *Noon Chi*.

눈치게임 Noon Chi Game [nun-chi gae-im]

Jeu où l'on gagne lorsque l'on prend le timing des autres

Mot composé de "**Noon Chi 눈치** ("capacité à lire rapidement une situation")" et de "**Game 게임** jeu".
Le jeu commence lorsque le meneur du jeu crie le chiffre 1. Les autres joueurs doivent crier les chiffres suivants pour survivre. Si plusieurs joueurs disent le même chiffre, ils perdent. S'il n'y a pas de doublon, c'est le dernier joueur qui perd et qui doit boire. C'est un jeu de rapidité qui est donc très prenant.

Exemple :
L'ami 1 : Eh, ça vous dit de faire un jeu ?
Les amis 2, 3, 4 : Quel jeu ? *Noon Chi Game* ?
L'ami 1 : Non, non ! Il n'est pas drôle celui-là… Un !
L'ami 2 : Deux !
Les amis 3 et 4 : (en même temps) Trois ! Ah ! C'est foutu ! T'as dit que tu ne voulais pas jouer au *Noon Chi Game*… Tu nous as eus...

누나 Noo Na [nu-na]

Une femme plus âgée que soi, grande sœur

Expression utilisée par un homme jeune pour appeler une femme plus âgée que lui. Ne doit pas être utilisée sans autorisation chez une personne que l'on connaît pas ou dont on n'est pas proche. Comme les fans féminins appellent leurs Idols hommes plus âgés qu'elles "Oppa", les fans masculins appellent les Idols femmes plus âgées qu'eux "**Noo Na**".

Exemple :
Noo Na ! Elle est où maman ?

누나 로맨스 Noo Na (Romance)

Une femme tombant amoureuse d'un homme jeune [nu-na ro-maen-ssŭ]

Apparaît souvent dans les K-Dramas avec la mise en place suivante (car les couples où la femme est plus âgée ne sont relativement pas courants) : elle renie ses sentiments amoureux au début, mais finit par les accepter à la fin.

Exemple :
Quoi ? Un *Noo Na Romance* sur lui ? Pas possible, il est super jeune !

누나킬러 Noo Na Killer [nu-na kil-lŏ]

Un homme jeune qui fait tomber les femmes plus âgées

Ae Gyo et Eye Smile sont ses principaux atouts. Attention car s'il est mineur, il peut être un Jailbait !

Exemple :
Comme Andrew a beaucoup d'Ae Gyo et qu'il est mignon, il a comme surnom *Noo Na Killer*.

노래 No Rae [no-rae]

Chanson

Fait de paroles et de mélodie pour être chanté.

Exemple :
Une personne qui *No Rae* bien et qui Choom bien aussi, c'est Dae Bak !

노래방 No Rae Bang [no-rae-bang]

Un endroit privé où l'on peu chanter, un karaoké

Mot composé de "**No Rae 노래** chanson" et de "**Bang 방** pièce". Lorsque l'utilisateur appuie un numéro sur la télécommande, l'appareil joue l'instrumental enregistré et l'écran affiche les paroles. En général le tarif est à l'heure (tranche de 30min/1h), mais il y a également des "Coin No Rae Bang 코인 노래방" où l'on paie à la chanson.

Exemple :
Eh ! On va se défouler au *No Rae Bang* !

누구 Nu Gu [nu-gu]

Artiste anonyme, "qui"

Expression utilisée pour poser des questions au sujet d'une personne que l'on ne connaît pas (par exemple : "qui est-ce ?") ou pour volontairement mépriser quelqu'un. Entre les fans de K-pop, désigne un artiste peu connu.

Exemple :
Bobae : Ils ne sont pas trop beaux mes Oppas ?
Chorin : *Nu Gu* ? C'est la première fois que je les vois !
Ils sont bien moins beaux que les miens !
Bobae : T'es morte, c'est le début de la Fan War...

오글 O Geul [o-gŭl]

État de honte et de gêne causé par autrui

Contraction de "O Geu Ra Deun Da "오그라든다 se recroqueviller". Désigne l'état de honte et de gêne au point "d'avoir les mains et pieds recroquevillés" quand on regarde un mauvais jeu d'acteur ou des déclarations d'amour puériles. "Ne plus savoir où se mettre".

Exemple :
Mini : Il y a un élève de mon école qui a fait une déclaration avec des fleurs pendant un cours et il s'est fait recaler.
Arthur : Ah *O Geul*… Trop la honte.

오바이트 O Ba I Teu [o-ba-i-tŭ]

Vomir, gerber

La version Konglish (anglais déformé qui n'est utilisé que par des Coréens "Korean English") de l'anglais "Over Eat" signifiant "trop manger".

Exemple :
Berk ! Dégage ta tête ! Je vais *O Ba I Teu*.

오징어 O Jing Eo [o-jing-ŏ]

Un visage moche

Le sens lexical est "le calamar". L'origine de cette expression vient d'une histoire publiée en ligne il y a longtemps : un couple est allé au cinéma voir un film dans lequel le héros était particulièrement beau, quand la fille s'est tournée à la fin du film pour regarder son copain, elle pensait voir un **O Jing Eo** (Note : les Coréens pensent que le calamar est un fruit de mer très laid).

Exemple :
Le beau visage de Marco a rendu tout l'entourage *O Jing Eo*.

오징어 게임 O Jing Eo Game / Squid Game

Jeu coréen/Série coréenne
Netflix à succès international

[o-jing-ŏ gae-im]

Jeu populaire chez les enfants coréens jusqu'aux années 80. Le nom du jeu, O Jing Eo 오징어 calamar (squid en anglais)", vient du fait que le tracé au sol ressemble en fait à un calamar.

Le Drama ayant pour titre ce jeu, "Squid Game", est l'histoire des participants d'un jeu douteux ayant comme récompense 45 600 000 000 wons qui entrent en compétition pour gagner au péril de leur vie. La série a été classée 1ère dans les classements de popularité dans tous les pays où Netflix est implanté.

Exemple :
Ces temps-ci on ne peut pas discuter avec quelqu'un qui n'a pas vu *O Jing Eo Game*.

오지랖 Oh Ji Rap [o-ji-rap]

Se mêler des affaires qui ne le regardent pas

Le fait d'intervenir de manière excessive ou quelqu'un qui intervient de manière excessive.

Exemple :
Une attention excessive, ce n'est pas de l'amour mais de *Oh Ji Rap*.

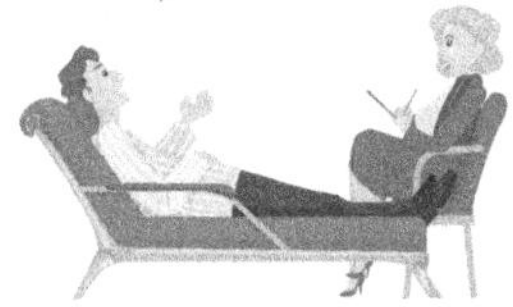
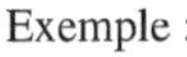

OME (Oh My Eyes)

Quelque chose que l'on aurait préféré ne pas voir

Contraction de "**Oh My Eyes**". Désigne une scène horrible que l'on aurait préféré ne pas voir.

Exemple :
Hul… C'est une photo de toi avant la chirurgie ? *OME* ! *OME* !

Old Miss

Vieille fille

Expression pour désigner une vieille fille de manière bien élevée sans offenser.

Exemple :
La mère : Si tu ne te maries pas cette année non plus, tu seras une vieille fille !
La fille : Je ne suis pas une vieille fille, je suis une *Old Miss*.

어머 O Mo / Eo Meo   [ŏ-mŏ]

"Mon Dieu !"

Expression naturelle en cas de surprise, de honte, de peur, etc. En général utilisée par les femmes, les hommes qui l'utilisent peuvent être soupçonnés d'être gays.

Exemple :
O Mo ! Tu m'as fait peur !

무궁화 꽃이 피었습니다
Moo Goong Hwa Kko Chi Pi Eot Seup Ni Da

"Un, deux, trois, Soleil"   [mu-gung-hwa kko-chi pi-ŏt-ssŭp-ni-da]

Jeu où le meneur face à un mur crie "**Moo Goong Hwa Kko Chi Pi Eot Seup Ni Da
무궁화 꽃이 피었습니다** La fleur d'hibiscus a fleuri", puis il se retourne et attrape les joueurs qui bougent. On gagne lorsque l'on réussit à aller jusqu'au meneur sans se faire attraper. Comme d'autres pays ont des jeux avec des règles similaires, il semble que ce ne serait pas un jeu traditionnel uniquement coréen. En 2021, le jeu est cependant devenu internationalement populaire après son apparition dans la série Netflix à succès "O Jing Eo Game 오징어 게임 Squid Game".

Exemple :
Monsieur ! Et si à la place des examens de fin de semestre, bous nous notiez avec le jeu
Moo Goong Hwa Kko Chi Pi Eot Seup Ni Da ?

오빠 Oppa   [o-ppa]
Un frère plus âgé

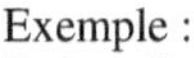

Expression utilisée par une femme jeune pour désigner un homme plus âgé qu'elle. Peut être impoli de l'utiliser lorsque l'on ne connaît pas l'autre personne et que l'on ne lui a pas demandé son accord. Les hommes ont un sentiment de supériorité lorsqu'ils sont appelés "**Oppa**" et sont donc plus serviables. Certaines femmes utilisent à mauvais escient ce point et les appellent stratégiquement "**Oppa**" quand elles leur demandent un service.

Exemple :
Daisy : Sam, tu peux m'aider pour le ménage s'il te plaît ?
Sam : Pas envie !
Daisy : *Oppa* !
Sam : Oui d'accord.

오크 O Keu   [o-kŭ]
Une femme laide

Mot venant de "Ork" une race de monstres dans des romans fantastiques, utilisé pour rabaisser les femmes laides et qui n'ont pas de charme.

Exemple :
Tommy : Ah ! Un *O Keu* ! Attaquons-le !
Shawn : Calme-toi ! C'est ta sœur !

OST

Original Sound Track ("bande originale" en français)

Titre spécialement composé pour un Drama ou un film. Quand un chanteur connu chante un OST, la probabilité que le Drama ou le film en question fasse un tabac augmente.

Exemple :
Maintenant je préfère les *OSTs* qui sont meilleures que des albums de chanteurs passables.

OTL

Désespoir

Émoji montrant une personne à genoux tête baissée. La lettre **O** représente la tête, la lettre **T** représente le corps et les bras, la lettre **L** représente les jambes à genoux.

Exemple :
Ah… J'ai renversé le ramen… **OTL**

어떡해 O Tto Ke   [ŏ-ttŏ-kae]

Expression de la confusion

Expression signifiant "que faire ?", exprime la gêne, la honte, etc.

Exemple :
Ah ! Je n'ai pas fait mes devoirs ! *O Tto Ke* ?

OTP
One True Pairing

Désigne deux personnes proches, meilleurs amis, qui vont bien ensemble dans un groupe.

Exemple :
Jenny et Juno sont vraiment *OTP*. Ils sont l'air vraiment proches.

아웃 오브 안중 Out Of An Joong
Non intéressé   [a-u-do-bŭ-an-jung]

Mot composé de l'anglais "**Out Of 아웃 오브**" signifiant "en dehors" et de "**An Joong 안중**" signifiant "attention, intérêt", désigne le fait d'être hors de son attention

Exemple :
Je vais rencontrer quelqu'un de mieux que toi ! T'es *Out Of An Joong* !

P방 / P Bang
Cybercafé

Mot utilisé par les enfants pour raccourcir le terme "**PC Bang 피씨방** cybercafé". On peut y jouer en ligne avec des amis et s'acheter de quoi bon à grignoter.

Exemple :
Ah ! C'est les vacances ! On va au *P Bang* !

팔불출 Pal Bool Chool [pal-bul-chul]

Un homme se vantant continuellement de sa copine/sa femme

Vient du sens lexical "personne qui n'est pas née à terme à 9 mois de grossesse mais seulement au bout de 8" c'est-à-dire "une personne qui n'est pas finie". Désigne un homme qui se vante continuellement de sa copine/sa femme.

Exemple :
Il faut interdire les *Pal Bool Chool* aux réunions des anciens du lycée, parce qu'il y a encore des vieux garçons.

PD

"**Program Director**" ("producteur" en français)

Personne en charge de la direction de la production d'une émission TV, d'un Drama, d'un film, etc. Dans le monde du spectacle en Corée, les producteurs ont énormément d'influence et de pouvoir.

Exemple :
Si tu veux apparaître dans les émissions à succès, tu dois lécher les bottes du *PD* Kim.

페도 누나 Pedo Noo Na [pe-do nu-na]

Une femme qui aime un Idol homme jeune

Mot composé de "**Pedo**phile" et de "**Noo Na** 누나 (appellation d'une femme plus âgée par un homme plus jeune)". Mot en lien avec "Jailbait".

Exemple :
Fais gaffe ! Patricia est connue pour être une *Pedo Noo Na*.

삐삐로 데이 Pepero (Day)   [ppe-ppe-ro de-i]

La Saint Valentin de novembre

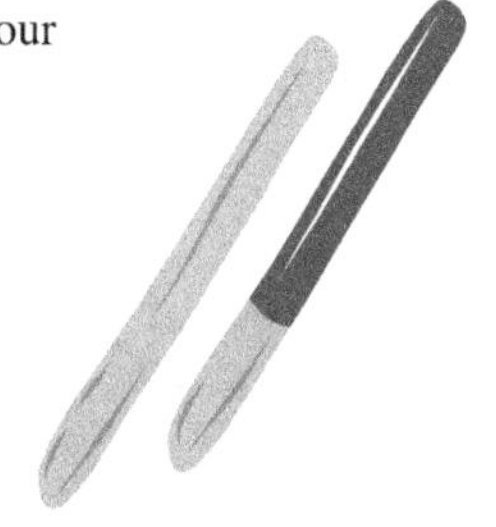

La date du 11 novembre (11/11) évoquant 4 bâtons, journée créée pour les couples mais triste pour les célibataires. Permet d'exprimer son amour en s'échangeant des "**Pepero**" (biscuits en bâton couverts de chocolat comme les Mikados).

Exemple :
Je suis célibataire. Je pense que toutes les fêtes comme *Pepero Day*, Noël, la Saint Valentin doivent disparaître.

피켓팅 Picketing   [pi-ke-ting]

Compétition acharnée pour obtenir des tickets

Mot composé de "**Pi 피**" signifiant "sang" et de "Tic**keting** 티켓팅", exprime la compétition acharnée "au point de saigner" pour obtenir des billets d'émission K-Pop ou de concert.

Exemple :
Waouh, Jenny a dû faire *Picketing* hier pour aller au concert d'Oppa, elle est hospitalisée !

핑프 Ping Peu   [ping-pŭ]

Finger Princess

Contraction de "**Ping**er 핑거 doigt" et de "**Princess** 프린세스".
Personne donnant des ordres par textos en restant assise.
(Note : Comme il n'y pas de son f en coréen, "finger" est prononcé "pinger".)

Exemple :
Le frère : Noo Na m'a envoyé un texto…
La sœur : Eh, ramène-moi un verre d'eau.
Le frère : Ne fais pas ta *Ping Peu* et ramène-le toi-même !

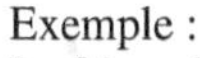

Plastic Prince

Un homme devenu beau à travers la chirurgie esthétique

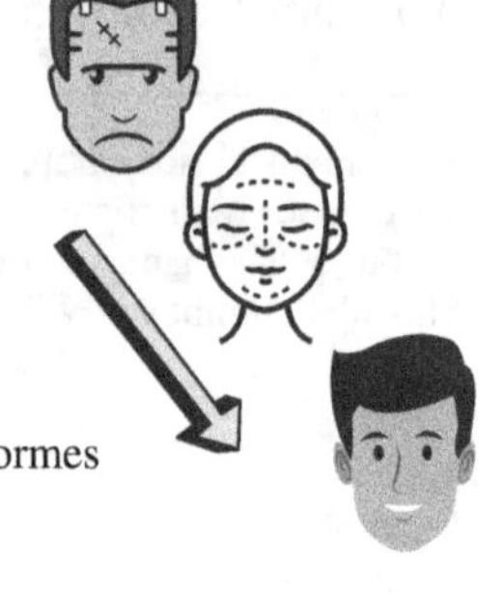

Mot composé de "**Plastic** Surgery (chirurgie esthétique)"
et de "**Prince**".

Exemple :
Après 2 ans d'absence, Adam est revenu *Plastic Prince* à travers d'énormes
chirurgies esthétiques.

프사 Peu Sa [pŭ-sa]

Photo de profil

Mot composé de "**Peu** Ro Pil **프로필** profil" et de "**Sa** Jin **사진** photo".
Désigne les photos sur les applications de messagerie comme Kakao
Talk pour se représenter. On utilise parfois des photos d'animaux ou de
paysages.

Exemple :
La *Peu Sa* de mon ex a changée c'est une robe de mariée.
Elle doit se marier...

포샵 Po Shop [po-shap]

Retouche du visage

Contration du célèbre programme de montage photo
"**Pho**toshop **포토샵**". (Note : le son f n'existant pas en
coréen, "pho" et prononcé "**po**".) Désigne le fait
d'utiliser le programme pour retoucher le visage, le
corps, etc. On peut ainsi transformer une personne laide
en Ul Zzang, une personne grosse en super-modèle.

Exemple :
Ah c'est bientôt l'été… Flemme de faire un régime, je vais perdre du poids par *Po Shop*.

포장마차 Po Jang Ma Cha   [po-jang-ma-cha]
Bar en extérieur

Bar en extérieur installé dans des petites tentes ou des véhicules transportables (les étrangers l'appellent aussi "Tent Bar"). Lieu où l'on peut boire et manger de quoi accompagner l'alcool comme le Tteok Bo Kki ou encore le Kim Bap. Dans les K-Dramas, lieu où le protagoniste boit du So Ju pour soulager sa tristesse après une rupture ou profite des effets de l'alcool pour déclarer son amour. C'est aussi le lieu où les employés ivres exposent honnêtement leur mécontentement à leur supérieur.

Exemple :
Comme on a rompu hier avec ma copine, j'ai bu 8 bouteilles de So Ju au *Po Jang Ma Cha* tout seul.

품절남/녀 Poom Jeol Nam/Nyeo
Un homme marié/une femme mariée   [pum-jŏl-nam/nyŏ]

Néologisme venant de la juxtaposition de "**Poom Jeol 품절**" signifiant "épuisé, en rupture de stock" et de "**남 Nam / 녀 Nyeo**" signifiant "homme/femme". Désigne une personne mariée ne pouvant plus avoir de relation amoureuse avec quelqu'un d'autre.

Exemple :
Ah mince ! Comme Oppa s'est marié c'est un *Poom Jeol Nam* maintenant.

PR
Demande de photo

Contraction de "**P**icture **R**equest", action des membres d'un fan-club qui demandent sur un Fan Site des photos prises à un évènement.

Exemple :
Toya : J'ai pris plein de photos au concert d'hier.
Cecilia : *PR* ! Envoie-les-moi sur Kakao Talk.

레알 **Rae Al** [rae-al]

Réellement

L'anglais "real" prononcé à l'espagnole, terme utilisé par
des enfants coréens pour rire. Est devenu populaire avec la
popularité de l'équipe de foot Real Madrid.

Exemple :
Mario : Waouh ! Je suis accepté à Havard !
Yasiel : *Rae Al* ?

Red Sun

Hypnose

Vient d'une émission TV populaire où les participants
étaient hypnotisés quand l'hypnotiseur criait "**Red Sun**".
Entre amis, lorsque l'on crie "Red Sun" pour rire, l'autre
doit faire semblant d'être hypnotisé.

Exemple :
Pourquoi tu parles autant. Endors-toi. *Red Sun* !

Repackaged Album

Disque remis sur le marché après l'ajout d'un nouveau titre

Un disque ressorti après avoir ajouté du contenu comme
une autre chanson ou un clip sur un disque déjà mis sur le
marché. Un disque remasterisé en est un type. Contient
également des Bonus Tracks et des Remix.

Exemple :
Comme les problèmes de contrat ne permettaient pas la sortie d'un nouvel album, il a été
décidé de sortir un *Repackaged Album*.

Rookie

Un débutant

Désigne une personne ayant fraîchement fait ses débuts indépendamment de l'âge.

Exemple :
Wonki a 53 ans mais c'est un *Rookie* car il a fait ses débuts cette année.

Running Man

Programme télévisé de divertissement en Corée.

Programme télévisé de divertissement de SBS diffusé pour la première fois en 2010. Les invités doivent accomplir différentes missions qui leur sont attribuées (comme par exemple répondre à des quizz cachés et arriver le premier à destination).
Le programme est également populaire parmi les fans de K-Pop internationaux car il permet de voir les célébrités les plus populaire en Corée comme invités. Il est traduit dans différentes langues en direct par des Fan Sub. Ce programme a été sélectionné par Business Insider, un média américain, comme l'une des "20 émissions TV de 2016".

Exemple :
Je pensais que *Running Man* était une transmission de marathon mais en fait c'était une émission de divertissement super drôle !

S Line

Corps plantureux

Le corps d'une femme plantureux grâce à du volume.
Expression appliquée car rappelle la lettre **S** de l'alphabet.

Exemple :
Si tu veux une *S Line* arrête de manger des gâteaux !

사바사 Sa Ba Sa [sa-ba-sa]

Dépend des personnes

Contraction de "**Sa** Ram **사람** personne", "**By** **바이** par" et de "**Sa** Ram **사람** personne". Signifie "dépend selon la personne". Sens similaire à "Ke Ba Ke **케바케** cas par cas".

Exemple :
Moi je trouve ce restaurant coréen vraiment très bon mais mon pote non. C'est *Sa Ba Sa* donc prends-le en compte.

사이다 Sa I Da [sa-i-da]

Rafraîchissant

Désigne les boissons gazeuses caractérisées par leur fraîcheur (Sprite, 7Up, etc.). Vient de l'anglais "Cider" (le cidre). Désigne quelqu'un ou quelque chose de rafraîchissant qui permet de dissoudre une sensation étouffante ou de blocage.

Exemple :
J'ai vraiment envie de boire du *Sa I Da* quand je vois le protagoniste qui ne se rend pas compte qu'on lui ment.

사랑해 Sa Rang Hae [sa-rang-hae]

Je t'aime

Expression que l'on entend le plus souvent dans la K-Pop ou Drama.

Exemple :
Non, je ne t'apprécie pas, je te *Sa Rang Hae* !

생방송 Saeng Bang Song [saeng-bang-song]
Émission en direct

Mot composé de "*Saeng* 생 en live" et de "*Bang Song* 방송 diffusion".
Format utilisé dans les informations ou des émissions de musique
(Music Bank, etc.), on peut entendre ce qui se passe sur le terrain en
direct. Cependant, comme le montage est impossible, les erreurs sont
d'autant plus gênantes.

Exemple :
Ça me rend nerveux les *Saeng Bang Songs*.
Une erreur et c'est la fin.

쌩얼 Ssaeng Eol [ssaeng-ŏl]
Visage sans maquillage

Néologisme venant de l'association du caractère chinois
"**Saeng** 생 生 (ajout d'un s pour rendre la prononciation
plus forte et pour accentuer : **Ssaeng** 쌩)" signifiant "cru"
et de "**Eol** Gul 얼굴" signifiant "visage". Utilisé chez les
jeunes, ne doit pas être utilisé à des évènements officiels.
Dans des évènements officiels il faut utiliser le terme
soutenu Min Nat 민낯.

Exemple :
Ah ! Vous êtes qui A Ju SShi ? Ah, c'est ma copine. Je ne t'ai pas reconnue en *Sseng Eol*.

생파 Saeng Pa [saeng-pa]
Fête d'anniversaire

Contraction de "Saeng Il 생일 anniversaire" et de "Party 파티".
Langage populaire utilisé chez les jeunes.

Exemple :
Cette année encore je vais encore devoir *Saeng Pa* tout seul…
Happy birthday to me...

생선 Saeng Seon [saeng-sŏn]

Cadeau d'anniversaire

Contraction de "**Saeng** Il 생일 anniversaire" et de "**Seon** Mool 선물 cadeau".
Langage populaire beaucoup utilisé par les enfants, non employé dans des
contextes officiels comme dans les émissions ou des documents.
Signifie également "poisson" (homonyme).

Exemple :
Hanna : C'est mon anniversaire aujourd'hui, j'espère que t'as acheté un *Saeng Seon* ?
Min : Quoi ? Un poisson ? Un maquereau ?
Hanna : Un cadeau d'anniversaire !

쌩유 Ssaeng You [ssaeng-yu]

"Thank You"

Prononciation à la coréenne de l'anglais "Thank You",
rendue à la mode par l'humoriste Yoo Jae Seok 유재석.

Exemple :
Après 10 ans de vie en Corée, l'américaine Lauren est plus habituée à dire *Ssaeng You*.

사극 Sa Geuk [sa-gŭk]

Drama historique de la Corée

Mot composé des caractères chinois "**Sa** 사 史" signifie
"histoire" et de "**Geuk** 극 劇" signifiant "pièce". Drama ayant
comme décor la Corée de l'époque moderne (avant les années
1900). On peut y voir le Han Bok, la tenue traditionnelle
coréenne, et le Han Ok 한옥, les habitations traditionnelles.

Exemple :
Oppa va jouer un prince dans un *Sa Geuk* !

삭발 Sak Bal [sak-bal]

Raser le crâne

Chose que doit faire un Idol masculin avant d'aller à l'armée. Marque la séparation avec le monde extérieur. En Corée, on peut aussi faire **Sak Bal** pour montrer la résistance dans les manifestations.

Exemple :
Victoria a pleuré en regardant Oppa avec *Sak Bal* se préparer pour son entrée dans l'armée.

삼촌팬 Sam Chon Fans

Fan homme d'âge mur [sam-chon-paen]

Mot composé de "**Sam Chon 삼촌**" signifiant "oncle" et de "**Fan**". Fans masculins de 30 à 50 ans qui suivent les groupes d'Idols féminins. Principalement étant des salariés, ils sont appelés "la troupe de cravate".

Exemple :
Les QT Seven ont beaucoup d'Ae Gyo et de maturité, il y a donc des fans enfants mais aussi des *Sam Chon Fans*.

상남자 Sang Nam Ja [sang-nam-ja]

Un homme très viril

Personne ayant des caractéristiques typiques d'un homme : un corps solide, une force mentale, un instinct paternel, etc. Synonyme de "mâle alpha" ou de "macho". Contraire de "Kkot Mi Nam/Flower Boy".

Exemple :
Mason voulait paraître *Sang Nam Ja* et a bu 2 bouteilles de So Ju à la suite mais il est devenu alcoolique.

사생팬 Sa Seng Fan   [sa-saeng-paen]

Fan qui s'attache de manière excessive

Mot composé de "**Sa Saeng** Hwal **사생활**" signifiant "vie privée" et de "**Fan**". Ces fans s'attachent de manière excessive à la vie privée des Idols, ils montrent une obsession poussée dangereuse, comme par exemple en stalkant, en entrant par effraction au logement des Idols, etc.

Exemple :
Jaemin est un *Sa Seng Fan* grave qui s'infiltre chez l'Idol de Girl Groupe et y vole des affaires personnelles.

Season Greeting

Collection de produits en lien avec un Idol

Comme les cartes de vœux ("Season's Greeting" en anglais) de fin d'année, collection de divers produits en lien avec les Idols présentée en fin d'année par les maisons de disque pour les fans. Les préventes débutent en général entre fin novembre et début décembre. Parmi les catégories d'articles les plus populaires, il y a : les calendriers, les affiches, les Photo Cards, les DVDs, les autocollants, les journaux, les cahiers, etc. Le prix est pour la plupart aux alentours de 30 000 wons (environ 22 euros) mais dépasse parfois 50 000 wons (environ 36 euros). Beaucoup de fans les achètent chaque année pour les collectionner.

Exemple :
Cette année j'aimerais recevoir un Season's Greeting d'Oppa à la place des cartes de vœux du Nouvel An.

세젤예 Se Jel Ye   [se-jel-ye]

La plus belle au monde

Contraction de "**Se** Sang E Seo **Je Il** Ye Ppeun **세상에서 제일 예쁜** la plus belle au monde". (Note : "Je Il **제일**" contracté et prononcé "**Jel 젤**".)

Exemple :
La Reine : Miroir, miroir, qui est la plus belle ?
Le Miroir : Votre Majesté est *Se Jel Ye*.
La Reine : Très bien. Je te nomme désormais "Miroir Premium".

셀카 Sel Ca [sel-ka]
Selfie

Contraction de "**Sel**f **Ca**mera 셀프 카메라". En utilisant diverses applications, n'importe qui peut devenir "Ul Zzang".

Exemple :
Sur l'Instagram de Heemin il n'y a que des *Sel Cas*.
Elle doit vraiment être narcissique.

선수 Seon Soo [sŏn-su]
Coureur (de jupons)

Terme désignant une personne qui excelle dans un domaine. Souvent employé avec "Un Dong 운동 sport" avant "**Seon Soo 선수** joueur" pour désigner un athlète "**운동선수**". Dans le langage familier, signifie également "coureur de jupons" (car draguer est aussi un jeu ?).

Exemple :
Ray qui peut faire tomber n'importe quelle femme en la travaillant est un vrai Seon Soo.

스샷 Seu Shot [sŭ-shat]
Capture d'écran

Contraction de "Screen **Shot** 스크린 샷". Désigne le fait de garder en image un écran d'ordinateur ou de smartphone.

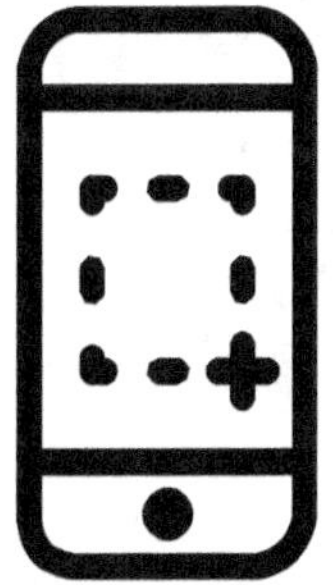

Exemple :
Anna : Waouh ! Regarde j'ai reçu un texto d'Oppa !
Maud : N'importe quoi. Envoie un *Seu Shot*.

샤방샤방 Sha Bang Sha Bang

Éblouissant   [sha-bang-sha-bang]

Onomatopée exprimant la lumière qui émane de quelque chose (comme par exemple lorsqu'un héros d'un Drama ou d'un film apparaît en beauté).

Exemple :
Comme j'ai été chez le coiffeur et la manucure, je suis vraiment *Sha Bang Sha Bang* aujourd'hui !

식신 Shik Shin [shik-shin]

Personne ayant beaucoup d'appétit

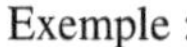

Mot composé des caractères chinois "**Shik 식 食**" signifiant "manger" et de "**Shin 신 神**" signifiant "dieu". Personne ayant un appétit extraordinaire et la capacité de manger une grande quantité de nourriture en un clin d'œil. Cependant, ce n'est pas parce que l'on est **Shik Shin** que l'on est forcément gros.

Exemple :
Winnie ne pèse que 40 kg mais elle peut manger 100 sushis. C'est un énorme *Shik Shin*.

심쿵 Shim Koong [shim-kung]

Son d'un cœur qui bat

Contraction de "**Shim** Jang 심장 cœur" et de "**Koong** Koong 쿵쿵 boum boum". Phénomène observé lorsque l'on est surpris.

Exemple :
J'ai failli faire tomber mon nouveau téléphone, *Shim Koong* !
J'ai vu Red Velvet aujourd'hui ! *Shim Koong* !

신곡 Shin Gok [shin-gok]

Nouvelle chanson

Mot composé des caractères chinois "**Shin 신 新**" signifiant "nouveauté" et de "**Gok 곡 曲**" signifiant "chanson". Chose la plus attendue par les Fanboys/Fangirls avant le come-back d'un groupe d'Idols.

Exemple :
Les fans se sont demandés ce que serait le Concept du *Shin Gok* d'UIUI.

신의아들 Shin Ui A Deul [shin-ŭi-a-dŭl]

Personne n'ayant pas fait le service militaire de manière illégale

---

Le service militaire est l'un des devoirs d'un homme coréen. Cependant certains, notamment ceux qui ont beaucoup de pouvoir dans la société, ne vont pas à l'armée en utilisant des moyens inappropriés. D'où le mot composé "**Shin 신 神**" signifiant "dieu" et de "**A Deul 아들**" signifiant "fils" pour dire "fils de dieu". Ce genre d'inégalité cause de nombreux problèmes sociétaux.

Exemple :
Dana : Pourquoi Ronnie n'a pas fait l'armée ?
Russ : Je ne sais pas, il est en bonne santé pourtant.
Dana : Ah, c'est un *Shin Eui A Deul*.

Showcase

Spectacle public

Réaliser ouvertement une performance devant un public ou des spécialistes pour montrer ses talents.

Exemple :
Wacko avait un tel talent que l'audition était un *Showcase* pour lui.

Shut Down

Limitation d'utilisation des jeux en ligne

Mesure appelée "la loi Cendrillon" limitant les jeux en ligne
aux enfants de moins de 16 ans de minuit à 6 h du matin.

Exemple :
La loi que les enfants détestent le plus doit sans doute être la mesure *Shut Down*, non ?

Signing Event

Évènement pour donner des autographes aux fans", "séance de dédicaces

Évènement organisé par les entreprises du spectacle
pour célébrer l'avant-première d'un film ou un nouvel
album. Une belle occasion pour voir les Idols en vrai.

Exemple :
Waouh. Il paraît qu'il y a eu plus de 5 000 personnes au *Singing Event* d'EXO.

신상 Shin Sang   [shin-sang]

Un nouveau produit

Contraction du caractère chinois "**Shin 신 新**" signifiant
"nouveauté" et de "**Sang** Poom 상품" signifiant
"produit". Mortel pour les "early adopters" qui font des
achats compulsifs (le salaire y passe en un clin d'œil).

Exemple :
La copine : Chéri ! Viens on va déjeuner aux grands magasins !
Le copain : Déjeuner ? Tu y vas pour acheter des *Shin Sangs* !
La copine : C'est bon, donne-moi juste ta carte bleue !

Show Me The Money
Émission TV coréenne de compétition de rap

Émission TV coréenne de compétition de rap diffusée par Mnet. Les participants qui sont des gens ordinaires en compétition font des "battles de rap" pour gagner. Des rappeurs connus (Tiger JK, Jay Park, etc.) y apparaissent comme jury et mentor. Le premier épisode a été diffusé en 2012, et depuis l'émission est devenue célèbre pour avoir fait naître de nombreuses célébrités (Cheetah, Loco, Swings, BewhY, etc.).

Exemple :
Le fils : Maman, *Show Me The Money* !
La mère : Je n'ai pas d'argent.
Le fils : Mais non, allume la télé ! Il y *Show Me The Money* !

Skinship
Contact physique

Konglish désignant "contact physique".

Exemple :
J'ai démissionné parce que le patron me faisait souvent *Skinship*, ça m'a dégoûté.

Slogan
Banderole avec le nom d'un groupe ou d'un membre

Dans le sens lexical, un slogan désigne "une phrase publicitaire", mais chez les fans de K-Pop il désigne une banderole avec une phrase dessus. C'est un outil d'encouragement utilisé pendant les concerts par les fans.

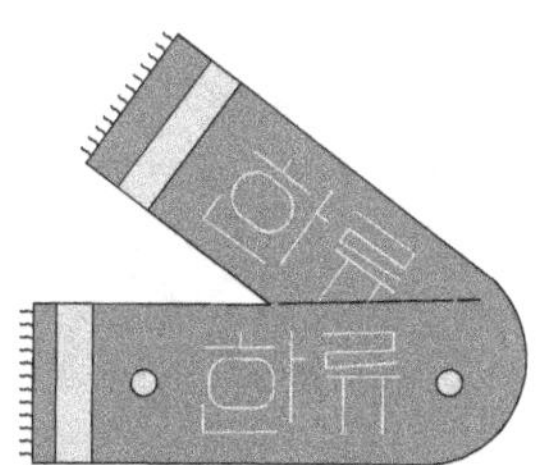

Exemple :
Au meilleur moment du concert les fans ont sorti leur *Slogan* et ont encouragé le chanteur.

SKY

Les 3 plus prestigieuses universités coréennes.

Néologisme venant des initiales des 3 plus prestigieuses universités coréennes : **S**eoul National University / **K**orea University / **Y**onsei University. Le réseau des anciens de l'université est très important en Corée pour la réussite en société. En conséquence, les élèves bien évidemment, mais les parents également, veulent ces universités d'où sortent beaucoup d'hommes politiques ou des hommes d'affaires. Le Drama **SKY** Castle qui montre la réalité de la compétition et des dépenses en cours privés pour aller à **SKY** est un incontournable si l'on veut comprendre la société coréenne.

Exemple :
Entrer à *SKY* est aussi dur que d'atteindre le ciel.

Small Face

Expression pour complimenter le physique de quelqu'un

Compliment coréen que les étrangers trouvent souvent bizarre. On considère qu'un petit visage a pour effet de faire ressortir les traits et de rendre photogénique et jeune. C'est pour cela que l'on dit que la plupart des célébrités ont un petit visage. Comme référence simple, un visage que l'on peut cacher avec un CD est un **Small Face**.

Exemple :
Comme Hyoju est *Small Face*, elle est super jolie sur les photos !

SNS

Social Media, réseaux sociaux

Contraction de "**S**ocial **N**etworking **S**ervice", expression anglaise utilisée bien plus souvent en Corée qu'à l'étranger (Note : à l'étranger on emploie plutôt l'expression "social media"). Facebook, Twitter, Weibo, Instagram, etc. en font partie. Beaucoup de célébrités publient des contenus inappropriés et font l'objet de ragots.

Exemple :
Un mauvais usage de *SNS* et on ternit son image en un coup.

소개팅 So Gae Ting [so-gae-ting]

Blind date

Mot composé de "**So Gae 소개** présenter" et de "Mee**ting 미팅** rencontre". Rencontre de deux personnes qui ne se connaissent pas par le biais d'un entremetteur qui lui les connaissent. C'est un moyen populaire en Corée pour rencontrer un nouveau copain/une nouvelle copine.

Exemple :
J'ai été à un *So Gae Ting* et j'ai été trop surpris parce que la personne en face était trop différente des photos.

소주 So Ju [so-ju]

Alcool distillé traditionnel coréen

Alcool traditionnel produit par distillation de grains comme le riz, les patates douces, les pommes de terre, etc. (Note : l'alcool issu de la distillation traditionnelle vendu dans des flacons de qualité supérieure est un produit de luxe très coûteux. Le **So Ju** vendu dans des bouteilles vertes tel que vu dans les Dramasest de l'alcool dilué bon marché). Il s'agit de l'alcool préféré des Coréens mais aussi l'alcool le plus vendu au monde. Le degré alcoolique varie de 16 à 40 degrés.

Exemple :
Eh, ça fait longtemps ! Viens on se prend un verre de *So Ju*.

속도 위반 Sok Do Wi Ban [sok-do wi-ban]

Grossesse avant mariage

Mot composé de "**Sok Do 속도** vitesse" et de "**Wi Ban 위반** infraction". Désigne à la base l'infraction au code de la route par un conducteur, mais signifie par métaphore "une grossesse avant un mariage officiel". Dans la société coréenne de nature conservatrice, c'était avant considéré comme une chose honteuse, mais fait maintenant l'objet de félicitations. Dans les K-Dramas, stratégie employée pour convaincre les parents du couple qui s'opposent au mariage.

Exemple :
Bobby : Eh ! Ils vont se marier !
Windy : Hul ! Kkam Nol !
Bobby : Je pense que c'est un *Sok Do Wi Ban*. Regarde le vendre de la fille.
Windy : Ah, je pense que c'est juste du gras.

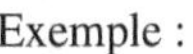

솔까말 Sol Kka Mal   [ssol-kka-mal]
Dit honnêtement

Contraction de "**Sol** Jik Hi 솔직히 honnêtement", "**Kka** Not Ko 까놓고 ouvertement"
et de "**Mal** Hae Seo 말해서 dit". Utilisé plutôt sur internet que dans les conversations
de tous les jours.

Exemple :
Sol Kka Mal, il n'y a pas d'homme plus beau que notre Oppa, non ?

썸남/썸녀 Some Nam / Some Nyeo
"Personne avec qui on a des rencards   [ssŏm-nam/ssŏm-nyŏ]

Vient de l'anglais "**Some**thing 썸띵 quelque chose" et de
"**Nam / Nyeo** 남/녀 homme/femme". Signifie qu'il y a
"quelque chose" entre deux personnes. Désigne le fait
d'avoir des rencards sans sortir ensemble officiellement.

Exemple :
Non, ce n'est pas ma copine, c'est juste une *Some Nyeo*.

수능 Soo Neung   [su-nŭng]
Examen d'entrée à l'université

Examen que tous les lycéens de dernière année en
Corée doivent passer pour pouvoir aller à
l'université. Sa signification dans la société coréenne
est tellement importante que pendant les tests
d'écoute, les avions autour des écoles n'ont pas le
droit de décoller/atterrir !

Exemple :
Pff, il faut que j'aie de bonnes notes au *Soo Neung* pour avoir une bonne fac.

Spazzing
Avoir la tête qui tourne

Phénomène physique qui se manifeste lorsque l'on voit un Idol et que l'on est pris d'émotions fortes comme la surprise ou la joie. Dans des cas extrêmes, on peut crier ou s'évanouir.

Exemple :
Après avoir vu Oppa en vrai, je ne pouvais plus marcher à cause du *Spazzing*.

Spec
Expérience

Vient de l'anglais "**Spec**ification". Désigne l'expérience que l'on écrit sur un CV. Récemment à cause de la pénurie d'emplois, les jeunes font beaucoup d'effort pour construire diverses **Specs** pour augmenter leur compétitivité.

Exemple :
Pourquoi je n'ai pas eu le poste ? Parce qu'il me manque du *Spec* ?

Spo
Spoiler

Vient de l'anglais "**Spo**iler 스포일러", désigne le fait de révéler la fin ou le renversement d'un film ou d'un Drama.

Exemple :
Eh ! Ne raconte pas la fin ! Ne fais pas **Spo** !

싸가지 Ssa Ga Ji [ssa-ga-ji]

"Brute épaisse", "malotru"

Expression pour désigner de manière vulgaire les bonnes manières mais aussi pour désigner une personne malpolie.

Exemple :
Jenny : Oh ! De l'argent !
Eric : C'est à moi, je viens de le faire tomber !
Jenny : Celui qui trouve le garde !
Eric : Quelle *Ssa Ga Ji*...

쌍수 Ssang Soo [ssang-su]

Chirurgie esthétique pour débrider les yeux

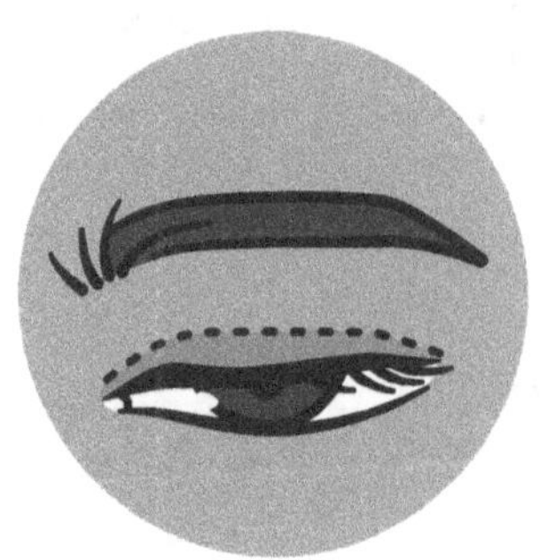

Contraction de "**Ssang** Keo Pool 쌍커풀 double pli" et de "**Soo** Sool 수술 opération". L'une des opérations de chirurgie esthétique les plus réalisées. Rend les yeux plus grands et plus en valeur. Comme le processus est simple, plutôt que le terme "opération", certains parlent de "soin de beauté".

Exemple :
On peut dire que *Ssang Soo* est une simple mise à jour.

싼티 Ssan Ti [ssan-ti]

De mauvaise qualité

Signifie "sembler peu cher", mais aussi "de mauvaise qualité" ou encore "ne pas être raffiné ou bien élevé". Cependant, beaucoup de célébrités arrivent à en faire leur personnage et à attirer la popularité.

Exemple :
Berk ! Ce twerking fait vraiment *Ssan Ti*.

썩소 Sseok So [ssŏk-so]

Sourire pourri

Contraction de "**Sseok** Eun 썩은 pourri" et de "Mi **So** 미소 sourire".
Sourire qui n'est pas sincère et qui est forcé. Caractérisé par le fait
qu'un seul coin de la bouche monte.

Exemple :
Mandy : Vu ton *Sseok So*, t'es en colère ?
Jilian : Tu plaisantes ? Tu viens de défoncer ma voiture !

Stan

Un grand fan

Mot composé de "**Sta**lker" et de "**Fan**". Terme avec un
sens péjoratif pour qualifier un fan d'admiration excessive.

Exemple :
J'ai trouvé l'adresse des Oppas en embauchant un détective privé… Mais je suis en train de
devenir un *Stan* ?

Sub Unit

Groupe de petite taille pour un projet

Groupe de petite taille formé pour un projet à partir de
membres sélectionnés d'un groupe pour conquérir d'autres
fans (comme par exemple le marché chinois, japonais ou
américain). Parfois de nouveaux membres y sont ajoutés.

Exemple :
Le groupe Joa a créé un *Sub Unit* appelé Joa English avec
les membres qui parlent bien anglais.

선배 Seon Bae   [sŏn-bae]

Personne ayant plus d'expérience dans un domaine

Est déterminé selon la classe à l'école et selon l'expérience dans le monde de l'entreprise, désigne une personne qui est entrée avant soi. Contraire de Hoo Bae. A pour rôle de s'occuper de ses Hoo Baes.

Exemple :
Seon Bae Nim ! Je ferai tout ce que vous me demanderez !

Support

Évènement de soutien

Évènement créé par les fan-clubs de K-Pop afin d'exprimer leur affection. Désigne les cadeaux de repas préparés ou d'aide pour la publicité d'un Drama ou d'un film dans lequel joue un Idol.

Exemple :
Pour faire la publicité du nouveau film dans lequel les Oppas vont jouer, on a ouvert un *Support* et distribué des prospectus.

탈락 Tal Lak   [tal-lak]

Élimination

Terme beaucoup employé dans les émissions de compétition comme celles de quizz ou d'audition. Dans la série O Jing Eo Game 오징어 게임 "Squid Game", **Tal Lak** signifiait en fait la mort.

Exemple :
Jenny, bel effort mais le résultat est… *Tal Lak*. Retentez l'année prochaine !

Talent

Acteur de Drama

Vient de l'anglais "Talent" prononcé à la coréenne et qui est resté ainsi dans le Konglish. Désigne les acteurs qui jouent dans les Dramas. Les acteurs qui jouent dans les films sont appelés Bae Woo.

Exemple :
Inhye : Waouh, il est super beau ! C'est un Bae Woo ?
Yong : Non, c'est un *Talent*. Il joue dans le Drama "T'es mon Gwi Yeo Mi".

Team Kill

Causer des dommages à son équipe

Vient des jeux de guerre en ligne. Le fait de tirer sur quelqu'un de son équipe et de le blesser ou de le tuer. Désigne "**Team Kill**" en anglais. Dans la vie de tous les jours, désigne le fait de mettre dans l'embarras un membre de son équipe par des paroles ou des actes irréfléchis.

Exemple :
Juno a dit à la télé qu'en réalité à leur dernier concert tous les membres ont fait du playback. C'est du *Team Kill*.

Teaser

Vidéo d'avant-goût

Vidéo ou chanson volontairement partielle afin de susciter la curiosité et l'attention des spectateurs, présentée par les entreprises du spectacle avant la sortie officielle de l'œuvre.

Exemple :
3 jours avant la mise sur le marché de l'album, ils ont présenté un *Teaser* de 20 secondes.

Teaser Pics
Photo teaser

Photos de couverture d'un album ou des photos
Concept des membres montrées par les maisons de
disque avant la mise sur le marché d'un album.

Exemple :
Xee Xee a révélé au public 10 *Teaser Pics* avant la sortie de son album qui ont eu du succès.

특종 Teuk Jong   [tŭk-jong]
Scoop

Ce dont rêvent tous les journalistes. Cependant comme la
plupart sont des nouvelles choquantes comme des scandales
ou des dissolutions soudaines des groupes, les
Fanboys/Fangirls ne veulent pas que leur Idol préféré fasse
l'objet de *Teuk Jong*.

Exemple :
C'est un *Teuk Jong* ! Jody et Justin sortent ensemble !

Title Track
La chanson principale d'un album

Parmi les chansons contenues dans un album, la chanson qui fait
principalement l'objet de la publcité. Est accompagnée d'un clip.

Exemple :
Le *Title Track* de cet album est la 3ème chanson "Ah, je m'ennuie".

Trainee

Personne voulant devenir un K-Pop Idol

Personne qui suit une formation difficile pour devenir
un K-Pop Idol. Parfois la période d'apprentissage peut
durer plus de 10 ans sans garantie de faire ses débuts.

Exemple :
Avant d'être une star, High Yo a été *Trainee* pendant 8 ans.

Triple Crown

Occuper la 1ère place 3 semaines d'affilée dans
le chart d'une émission de musique

Après avoir occupé 3 semaines de suite la 1ère place, on
est exclu du classement (à ne pas confondre avec le fait
d'occuper la 1ère place dans 3 émissions différentes).

Exemple :
Waouh ! Les Oppas ont été classés 1er 2 semaines de suite ! Encore une semaine et c'est le
Triple Crown !

Too Much Talker

Bavard

Personne qui parle en continu sans s'arrêter. C'est également
le surnom de Park Chan Ho 박찬호 joueur de baseball de la
Major League américaine (quand il se met à parler, même un
petit interview devient un interminable discours).

Exemple :
Notre prof est un *Too Much Talker* alors il parle de sa vie
pendant tout le cours.

트로트 Trot   [tŭ-ro-tŭ]

Un genre de musique populaire en Corée

Le plus vieux genre musical en Corée. Créé avec l'influence de la musique populaire japonaise, l'Enka, le nom quant à lui vient de l'anglais "Foxtrot" qui est une danse américaine. Il est également connu sous le nom de "Ppong Jjak 뽕짝", une onomatopée imitant son rythme particulier. Il avait l'image de "musique que les vieux écoutent", cependant il est récemment redevenu à la mode avec l'adaptation par les jeunes chanteurs comme Jang Yoon Jeong 장윤정.

Exemple :
Je pensais qu'il n'y avait que les personnes âgées qui écoutaient du *Trot* mais en fait il y a beaucoup de chansons qui font très jeunes maintenant.

얼짱 Ul Jjang / Ul Zzang   [ŏl-jjang]

Un autre nom pour BTS.

Mot composé de "**Eol** Gool 얼굴 visage" et de "**Jjang** 짱 le meilleur". Il ne prend en compte que le visage, donc on peut être gros et être **Ul Jjang**.

Exemple :
Si tu maîtrises la technique des selfies, tu peux aussi devenir *Ul Jjang* et berner les gens.

엄친아 / 엄친딸 Um Chin A / Um Chin Ddal

Personnage fictif qui est bon dans tous les domaines   [ŏm-chin-a / ŏm-chin-ttal]

Contraction de "Eom Ma 엄마 maman", "Chin Gu 친구 ami/amie" et de "A Deul/Ddal 아들/딸 fils/fille". Personnage fictif inventé par les mères pour pousser leurs enfants à faire des efforts.

Exemple :
La mère : La fille d'une amie a été diplômée de l'université à l'âge de 12 ans et a obtenu un job ! Et toi mon fils, tu fais quoi ?
Le fils : Ah oui ? Elle s'appelle comment ?
C'est une vraie *Um Chin Ddal* ! Elle existe vraiment ?
La mère : Elle s'appelle… Euh… Je ne m'en souviens plus !
En tout cas elle existe ! Donc toi aussi concentre-toi sur tes études !

엄마 Um Ma / Eom Ma [ŏm-ma]

Maman

Également ce que l'on crie quand on est surpris.

Exemple :
Um Ma ! J'ai frôlé la catastrophe ! Il faut que je me concentre plus quand je conduis.

언니 Un Nie / Eon Ni [ŏn-ni]

Une sœur plus âgée", "une grande sœur

Utilisé par une femme pour appeler une sœur plus âgée. Peut être utilisé même si c'est quelqu'un qui n'est pas de la famille. Cependant peut être impoli si utilisé avec une personne que l'on ne connaît pas sans lui demander son accord. Récemment, on l'utilise aussi pour appeler les serveuses dans les restaurants. (Note : l'orthographe officielle est bien Eon Ni, mais les fans anglophones écrivent Unnie.)

Exemple :
La cliente : *Unnie*, on voudrait commander !

V Line

Un menton avec des traits fins

Les traits fins du menton qui rappellent la lettre **V**. La **V Line** rend le visage plus mince. Mot en lien avec "small Face.

Exemple :
Comme j'ai fait beaucoup de régimes, on voit enfin ma *V Line*.

V Live

Application de smartphone (créée par Naver) sur laquelle on peut regarder les diffusions privées des Idols.

On peut suivre un Idol et chatter avec les fans, appuyer sur les cœurs et partager ses émotions. L'alarme de notification doit toujours être allumée car il peut y avoir des lives sans prévenir.

Exemple :
Hier à l'aube Oppa a fait une diffusion *V Live* et comme j'étais la seule participante, c'était un chat 1 à 1 ! J'ai cru rêver !

VIP

Le Fan-club officiel de Big Bang

C'est aussi un titre du 2ème Single de Big Bang. Le fan-club utilise comme symboles un Light Stick jaune et un bandana. Il a gagné le prix du "Best Fan" en 2012 sur TRL de MTV Italie.

Exemple :
Jenny : Je suis *V.I.P.* !
Hoang : Qu'est-ce que t'as de spécial ?
Jenny : Non, je suis membre du fan-club de Big Bang.

Visual

Physique

Désigne le physique d'une personne, notamment son visage.

Exemple :
Jaeho qui est le plus beau du groupe est responsable du *Visual*.

Vimamin
Source d'énergie

Utilisé comme "happy virus". Désigne le membre qui donne
une bonne énergie et de la vitalité au groupe.

Exemple :
Le Maknae du groupe, Marcus, est le *Vitamin* car il déborde d'énergie.

왜? Wae? [wae]
"Pourquoi ?"

Expression utilisée pour demander la cause.
Ce que l'on dit le plus après une rupture.

Exemple :
Elle m'a largué, mais *Wae, Wae, Wae* ?

완소 Wan So [wan-so]
Ce que l'on a de plus précieux

Contraction de "**Wan** Jeon 완전 complètement" et de
"**So** Joong Han 소중한 précieux". Expression utilisée pour dire
que l'on chérit quelque chose.

Exemple :
J'ai acheté un nouvel iPhone.
C'est vraiment *Wan So*. Je vais le chérir jusqu'à ma mort.

왕따 Wang Dda   [wang-tta]

Un exclu

Une personne exclue d'une communauté ou le fait
d'exclure quelqu'un d'une communauté. Il s'agit d'un
problème majeur dans le milieu scolaire mais aussi dans
le monde de l'entreprise.

Exemple :
Hong Soo qui est un réfugié Nord-Coréen était au début un *Wang Dda,* mais il est devenu un
membre important de la société sud-coréenne.

White Day

Journée où les hommes offrent du chocolat aux femmes

Le 14 mars. Un homme ayant reçu du chocolat à la Saint Valentin
doit offrir du chocolat en retour ce jour-là. C'est également un jour
où il peut faire une déclaration à la femme qu'il aime.

Exemple :
La Saint Valentin, *White Day*, j'aimerais que tout ça
disparaisse… Pour info, je suis Mo Tae Solo…

월요병 Wol Yo Byeong   [wŏl-yo-byŏng]

Syndrome du salarié

Mot composé de "**Wol Yo Il** 월요일 lundi" et de
"**Byeong** 병 maladie". Sensation de lourdeur et
d'impuissance que ressentent tous les salariés le lundi
matin après avoir passé un super week-end.

Exemple :
Ah… Wol Yo Byeong… J'ai envie de ne rien faire.
C'est parce que j'ai trop profité de mon week-end.

우결 Woo Gyeol [u-gyŏl]

Programme de mariage fictif

Contraction du nom de l'émission à succès de MBC :
"**Woo** Ri Gyeol Hon Haet Sseo Yo 우리 결혼했어요
On s'est mariés". L'émission montre deux célébrités
qui vivent une fausse vie de couple marié.

Exemple :
Tim : Hul ! Jenna et Minho vont se marier !
Anna : C'est vrai ?
Tim : Non, dans *Woo Gyeol* !
Anna : Tu m'as fait peur !

움짤 Woom Jjal (Um Jjal) [um-jjal]

Fichier photo qui bouge

Contraction de "**Woom** Jik I Neun 움직이는 qui bouge"
et de "**Jjal** Bang 짤방 prévention de suppression". Sur
les forums coréens sur internet, il y avait un système de
suppression de post s'il ne contenait pas de photo.
Désigne le fichier image ajouté afin d'éviter la
suppression. Parmi les fichiers images, les **Woom Jjals**
sont des GIFs, en général des NG d'Idols ou des Sexy
Dance.

Exemple :
Le *Woom Jjal* le plus populaire en ce moment est le GIF de la Comic Dance de Brian.

World Star

Star de popularité internationale

Désigne les stars mondialement connues et pas seulement en Asie,
comme par exemple BTS, Psy, Lee Byeong-Heon.

Exemple :
May Kim est classée 1er sur le Billboard ! Dae Bak !
Une vraie *World Star* !

야! Ya! [ya]

"Eh !"

Utilisé pour attirer l'attention de quelqu'un. Ne pas utiliser à une personne plus âgée ou une personne que l'on ne connaît pas (on peut se faire gronder ou créer des conflits).

Exemple :
Jenna : Ya !
Mark : Oui ? Est-ce que vous me connaissez ?
Jenna : Oh, désolée, je pensais que vous étiez *Minho*.

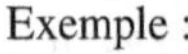

야동 Ya Dong [ya-dong]

Vidéo pornographique

Contraction de "**Ya** Han 야한 érotique" et de "**Dong** Yeong Sang 동영상 vidéo". En général, les gens l'enregistrent dans un dossier ayant un titre sans aucun rapport avec le contenu afin de ne pas se faire repérer.

Exemple :
Il y a deux types d'hommes dans ce monde.
Ceux qui regardent les *Ya Dongs* et ceux qui prétendent ne pas les regarder.

양다리 Yang Da Ri [yang-da-ri]

Sortir avec deux personnes en même temps

Mot composé de "**Yang** 양 double" et de "**Da Ri** 다리 jambe". Signifie "avoir une jambe de chaque côté", c'est-à-dire avoir une relation amoureuse en cachette en dehors du couple.

Exemple :
Timmy faisait *Yang Da Ri* et a perdu les deux.

예능 Ye Neung   [ye-nŭng]

Émission de divertissement de sujet léger

Désigne les programmes TV comme des talk-shows ou des programmes de comédie qui sont sans formalités et qui sont centrés sur le divertissement. Une bonne occasion pour les Idols de montrer leur charme.

Exemple :
Je ne pensais pas que Mingo allait si bien s'exprimer dans un *Ye Neung*, c'est quelqu'un de plutôt silencieux.

예헷 Ye Het   [ye-het]

"Bien !"

Exclamation utilisée par Oh Sehun, un membre d'EXO, lorsqu'il est content.

Exemple :
Ah ! J'ai fini mes devoirs ! *Yehet* !

여보 Yeo Bo   [yŏ-bo]

"Mon cœur"

Appellatif utilisé entre mari et femme.

Exemple :
Je me marierai avec mon Oppa ! *Yeo Bo*, je t'aime !

여보세요 Yeo Bo Se Yo [yŏ-bo-se-yo]

"Allô"

Viendrait de l'association de "**Yeo** Gi **여기** ici" et de "**Bo** Se Yo **보세요** regardez". Interjection utilisée lors des appels téléphoniques uniquement. (Aucun rapport avec l'expression Yeo Bo précédemment décrite.)

Exemple :
Bubba : *Yeo Bo Se Yo* ? Je suis un ami de Mary, est-ce que Mary est là ?

열도 Yeol Do [yŏl-do]

Le Japon

Vient de "**Yeol Do 열도** archipel". Mot utilisé par les internautes coréens pour désigner le Japon (le Japon est un pays formé d'archipel). Employé sous la forme de "quelque chose de **Yeol Do**", comme par exemple "une invention de **Yeol Do**" pour dire "une invention japonaise".

Exemple :
Il y a la K-Pop en Corée et la J-Pop et les Animes au *Yeol Do*.

역주행 Yeok Ju Haeng [yŏk-ju-haeng]

Le fait qu'une chanson publiée il y a longtemps regagne en popularité

Le fait qu'une chanson présentée au public sans succès tombée aux oubliettes regagne en popularité par hasard. Ce qui ressemble à une voiture qui "**Yeok Ju Haeng 역주행** roule à contre sens" d'où vient l'expression. C'est le cas par exemple d'une vidéo de "Up & Down" d'EXID filmée par un fan à un concert sur YouTube qui a connu un succès foudroyant, ou encore "Rollin" de Brave Girls présenté par un Youtubeur qui a ainsi connu un succès tardif. En outre, il y a aussi la popularité gagnée grâce à des CFs ou des films.

Exemple :
Yong Soo a vu qu'EXID fait *Yeok Ju Haeng* et a causé un accident grave en essayant de faire pareil sur l'autoroute.

열공 Yeol Gong   [yŏl-gong]

Étudier assidûment

Contraction de "**Yeol** Shim Hi **열심히** assidûment" et de
"**Gong** Boo Ha Gi **공부하기** étudier".

Exemple :
C'est exam demain ! Il faut vraiment que je fasse *Yeol Gong*.

열정페이 Yeol Jeong (Pay)   [yŏl-jŏng-pe-i]

Exploitation des travailleurs

Mot composé de "**Yeol Jeong 열정** Passion" et de
"**Pay 페이** paiement". Désigne le fait que certains
mauvais employeurs profitent de jeunes passionnés
qui ont du mal à trouver un emploi pour les
embaucher et les exploiter avec un salaire très bas.

Exemple :
J'ai travaillé 100 heures et je n'ai reçu aucun paiement. Mais le patron a dit
que c'est du *Yeol Jeong Pay* et qu'il fallait le remercier parce qu'il m'a permis
de cumuler de l'expérience. Tristesse...

열폭 Yeol Pok   [yŏl-pŏk]

Explosion de complexe d'infériorité

Contraction de "**Yeol** Deung Gam **열등감** complexe
d'infériorité" et de "**Pok** Bal **폭발** explosion".
Causée par la jalousie car on pense que l'autre est supérieur.

Exemple :
Ronda : On ne dirait pas que c'est une perruque cette coupe de
Jenny ? Elle a certainement volé sa robe aux grands magasins.
Et c'est sûr que son sac Chanel est un faux !
Darren : Ah… Ne faites pas *Yeol Pok*.

연습 Yeon Seup   [yŏn-sŭp]

Entraînement

Passage obligatoire pour un Trainee qui veut devenir un K-Pop Idol avant de faire ses débuts. Désigne le fait de développer et perfectionner divers talents comme le chant, la danse, la comédie, etc.

Exemple :
Pour le concert d'aujourd'hui, j'ai fait 3 mois d'*Yeon Seup* de danse.

연예인 Yeon Ye In   [yŏn-ye-in]

Artiste

Mot composé de "**Yeon Ye 연예** les arts du spectacle" et de "**In 인** personne". Terme général employé pour désigner les personnes qui travaillent dans le monde du spectacle comme les chanteurs, les acteurs, les danseurs, etc. En Corée, ce terme désigne également les célébrités.

Exemple :
Les enfants de nos jours veulent tous devenir *Yeon Ye In*.

용꿈 Yong Kkum   [yong-kkum]

Bon présage

Mot composé de "**Yong 용** dragon" et de "**Kkum 꿈** rêve". Les Coréens pensent qu'un rêve où il y a un dragon, un animal sacré, porte chance. C'est pourquoi l'on dit qu'il faut jouer au Loto quand on rêve de dragon.

Exemple :
J'ai rêvé de G-Dragon la nuit dernière, c'est un *Yong Kkum* aussi ?

유혹 Yoo Hok [yu-hok]

Séduction

Cause de conflit dans tout Drama. L'élément qui complique la "Love Line".

Exemple :
On peut tout perdre, argent et honneur,
lorsque l'on succombe facilement au *Yoo Hok*.

19금 / Ship Gu Geum [ship-gu-gŭm]

Interdit aux mineurs

Mot composé de "**19 Ship Gu**" et du caractère chinois
"**Geum 금 禁**" signifiant "interdit". Signifie "interdit aux
mineurs" car en Corée la majorité est fixée à 19 ans.
Dans les émissions de divertissement, quand on parle de
choses obscènes on prévient souvent que c'est **19 Geum.**

Exemple :
Ce que j'ai fait hier soir ? Hum… C'est *19 Geum*, je peux le dire ?

4D

Personne farfelue et originale

Vient de l'anglais "4th Dimension" signifiant "4ème
dimension", pour désigner une personne farfelue et originale
qui semble vivre dans une autre dimension.

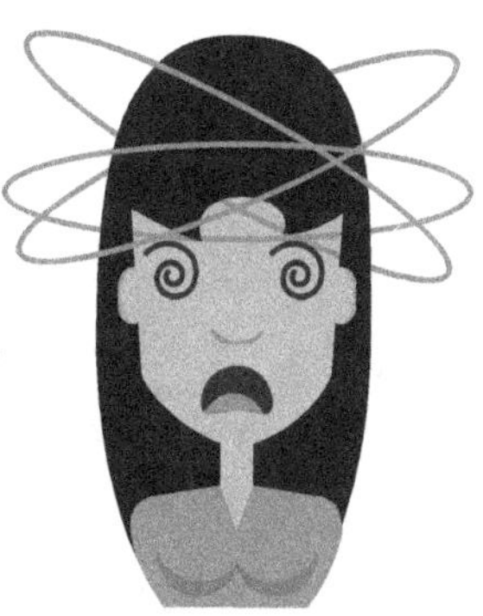

Exemple :
Mizu a présenté une performance durant laquelle elle a fait de la corde à sauter en chantant.
Elle est vraiment *4D* !

5-Year Curse / 7-Year Curse

La malédiction des 5 ans/7 ans

Superstition qui dit que les groupes populaires qui ont 5 ans (H.O.T., Big Bang, DBSK, Shinhwa, Super Junior, etc.) se dissolvent ou vivent un malheur, mais en réalité la durée de beaucoup de contrats des Idols étant fixée à 7 ans, il est plus fréquent que les groupes se dissolvent au bout de 7 ans (et avant, la durée était à 5 ans, d'où la malédiction des 5 ans). L'essentiel est qu'indépendamment du nombre d'années d'activité, le renouvellement des contrats est prévu tous les 5 ans/7 ans.

Exemple :
Tomi : Scoop ! Cutie Club vient juste de se dissoudre !
Yena : Oh mon Dieu… *5-Year Curse*, c'était vrai !

1004   [chŏn-sa]

Ange

La prononciation du nombre "**1004**" et celle du mot "Cheon Sa 천사 ange" étant identiques, "**1004**" est une façon d'écrire "ange".

Exemple :
Min Ho : Eh, t'as eu un appel ! C'était un numéro enregistré à 1004, c'était ta copine ?
Won Gyu : Ah… Oui ma copine m'a dit de l'enregistrer comme ça… Mais c'est plutôt le diable...

Interdiction d'utiliser avec une personne plus âgée ou une personne dont on n'est pas proche.

ㄱㄱ

"Vite !", "allons-y"

Terme de chat venant de l'anglais "**Go Go**" transcrit en coréen "**고고**" dont on n'a gardé que les consonnes ㄱㄱ. Employé le plus souvent sur les jeux en ligne ou dans les chats pour presser son interlocuteur.

Exemple :
(Texto de l'ami 1) Eh ! Ça te dit de partir en vacances ?
(Texto de l'ami 2) Allons-y tout de suite ! ㄱㄱ !

Interdiction d'utiliser avec une personne plus âgée ou une personne dont on n'est pas proche.

ㄱㅅ

"Thx", "cimer"

Terme utilisé dans les chats venant des consonnes ㄱㅅ de "Gam Sa 감사 **merci**".

Exemple :
(Texto du grand frère) Je t'ai laissé deux parts de pizza au frigo.
(Texto du petit frère) ㄱㅅ

ㄴㄴ

"No No"

De l'anglais "**No No**" transcrit en coréen "**노노**" dont on n'a gardé que les consonnes ㄴㄴ, expression utilisée sur le net pour la négation.

Exemple :
(Texto de Jenny) On va au ciné ?
(Réponse de Mark) ㄴㄴ. Je dois bosser.

ㅆㅂ

"Putain"

Vient de l'insulte coréenne "**Sshi Bal 씨발** putain" dont on n'a gardé que les consonnes ㅆㅂ pour exprimer un sentiment fort en ligne.

Exemple :
(Texto de Brad) ㅆㅂ ! Je n'ai pas fait mes devoirs !
(Texto de Jen) T'es dans la merde, toi !

> Interdiction d'utiliser avec une personne plus âgée ou une personne dont on n'est pas proche.

ㅇ ㅇ

"Ouais Ouais"

Vient de l'expression "**Ung Ung 응응** ouais ouais" de réponse positive dont on n'a gardé que les consonnes ㅇ ㅇ.

Exemple :
(Texto de Sara) T'as déjeuné ?
(Réponse de Mark) ㅇ ㅇ

ㅋㅋㅋ / ㅎㅎㅎ

"mdr (mort(e) de rire)"

Onomatopées imitant un fou rire "**Keuk Keuk Keuk ㅋㅋㅋ**" et "**Ha Ha Ha 하하하**" dont on n'a gardé que les consonnes ㅋㅋㅋ / ㅎㅎㅎ. Il arrive que certains Coréens le transcrivent par "KKK" en chattant avec des étrangers ce qui peut prêter à confusion et faire penser à la société de suprématie blanche KKK (Ku Klux Klan). En anglais l'équivalent est LOL.

Exemple :
Il est tellement drôle que quand on chatte avec lui on ne sort que des ㅋㅋㅋ.

T_T

"En train de pleurer"

Émoji représentant un visage qui pleure.

Exemple :
Qu'est-ce que je vais faire ! J'ai perdu mon portefeuille **T_T**

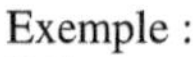

En supplément de ce livre, voici un autre ouvrage utile pour le coréen et la culture coréenne.

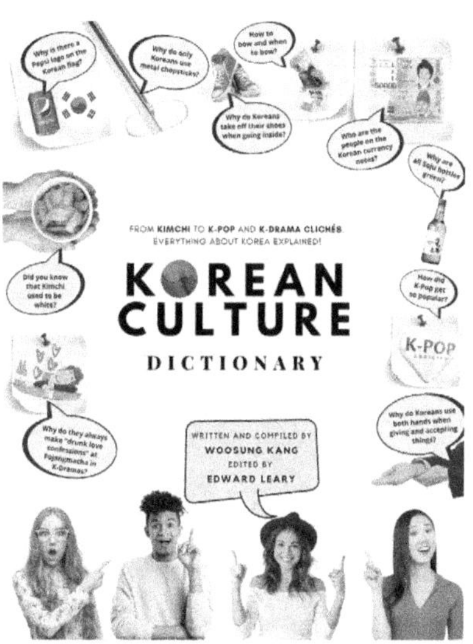

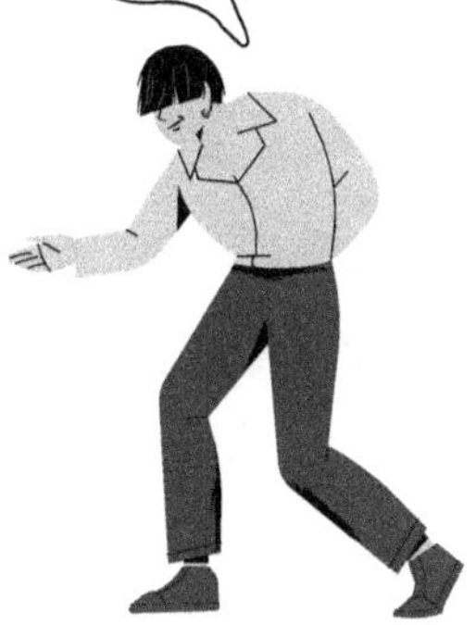

Korean Culture Dictionary
du Kimchi à la K-Pop et aux clichés de K-Dramas, un guide expliquant tout de la culture coréenne !

Pourquoi les coréens enlèvent-ils leurs chaussures chez eux ?

Pourquoi le Kimchi est-il rouge ?

Pourquoi le drapeau coréen contient-il le logo de Pepsi ?

Il vous répond à toutes vos questions.

Malheureusement, il n'est pour le moment publié qu'en anglais. Si vous pouviez glisser un mot aux éditeurs français pour le retrouver en français ?

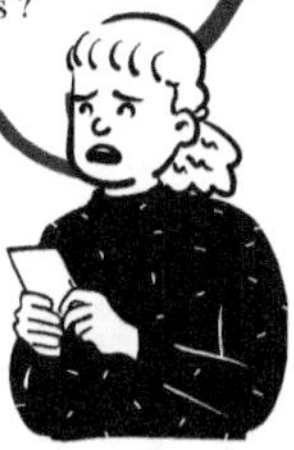

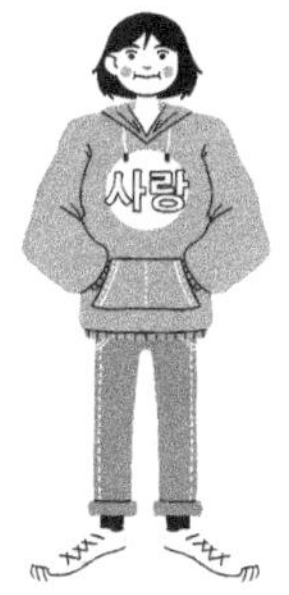

PARLONS CORÉEN:
AVEC DES FICHIERS AUDIO TÉLÉCHARGEABLES -
Apprenez rapidement et facilement plus de 1 400 expressions coréennes sur 21 sujets.
Il suffit d'écouter, de répéter et d'apprendre!

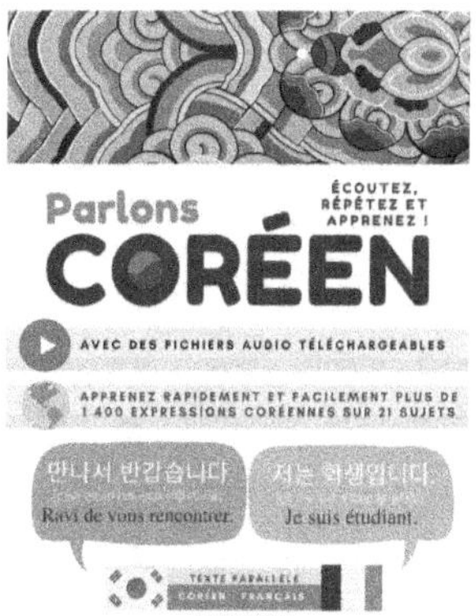

Plus de livres sur **newampersand.com**